DISSIDENT

Lars Peter Kronlob

DISSIDENT

EDITION ESOTERICK PUBLISHING
LII A.S.

2. Auflage Februar 2017

E-Mail: edition@esoterick.de
Web: **www.esoterick.de**

Umschlaggestaltung und Layout: Lars Peter Kronlob
Coverfoto: Jens Schmidt
Illustrationen: Pi.Pi.Schmitz
Druck und Vertrieb: Books on Demand GmbH, Norderstedt

Made in Germany

ISBN: 978-3-936830-52-5

Dissident [dɪsi'dɛnt]

Eine Person, die sich der offiziellen Politik widersetzt,
besonders der eines autoritären Staates;
Andersdenkender; Systemgegner

Es ist kein Zeichen von Gesundheit,
an eine von Grund auf kranke Gesellschaft
gut angepaßt zu sein.

Jiddu Krishnamurti

~

To everyone who's ever been called a freak,
this is for you.

Good Charlotte

INHALTSVERZEICHNIS

EINLEITUNG

Nichts ist schwerer und erfordert mehr Charakter, als sich in offenem Gegensatz zu seiner Zeit zu befinden und zu sagen: Nein!

Kurt Tucholsky

Dieses Buch gibt meine persönliche Sichtweise wieder, und mir ist daher völlig bewußt, daß es in höchstem Maße subjektiv ist, was die Wahrnehmung und Beschreibung der Gesellschaft und ihrer Facetten angeht. Einige Dinge, die ich in diesem Buch anspreche, werdet ihr vielleicht bereits wissen oder ahnen, andere werden euch schier unglaublich oder auch absurd vorkommen. Es ist nicht meine Absicht, euch von irgend etwas zu überzeugen. Bitte übernehmt nicht einfach, was ich persönlich denke, sondern vergleicht meine Beobachtungen und Aussagen mit euren eigenen Beobachtungen und Erfahrungen, und zieht daraus eure eigenen Schlüsse. Vielleicht reflektiert ihr darüber, was ich sage, vielleicht denkt ihr darüber nach und vielleicht seht ihr euch dann mal um. Und ich meine, seht euch *wirklich* um. Alles was ich sage, könnt ihr in der Welt, die euch umgibt, feststellen und überprüfen. Seht selbst, ob es stimmt, was ich sage.

Ich verwende zuweilen sowohl die stilistischen Mittel des Sarkasmus, als auch der Übertreibung, und bediene mich durchaus auch Formulierungen, die man als polemisch bezeichnen könnte, aber das sollte euch nicht davon abhalten, meiner Darstellung und Logik zu folgen. Das hier ist keine Schrift mit dem Anspruch der alleinigen Wahrheit, sondern mein persönliches Manifest. Nichtsdestotrotz bin ich sicher, daß meine Sichtweise und die von mir vorgelegten Beobachtungen, Argumente und Fakten die „offizielle“ Darstellung vieler Dinge in ein anderes Licht setzen und neue Perspektiven auf scheinbar Bekanntes ermöglichen können.

Wenn diese Schrift eine Botschaft hat, dann diese: Ich bin nicht der Ansicht, daß es lediglich einige wenige Bereiche in unserer Gesellschaft gibt, die schlecht funktionieren und daher verbessert werden müssen. Ich bin über einen Zeitraum von vielen Jahren durch aufmerksame Beobachtung, intensive Recherche und einige Erfahrungen zu dem Schluß gekommen, daß die *gesamte* Gesellschaft als solche durch und durch krank und in höchstem Maße disfunktional ist. Das Problem dabei ist nur, daß die Menschen in dieses kranke System hineingewachsen sind und sich nach und nach daran angepaßt haben, wie der Frosch, der im langsam erhitzten Wasser gekocht wird. Und da es sehr schwierig ist, einen wirklich objektiven Standpunkt einzunehmen und sich selbst und alles, woran man glaubt und was man seit seiner Kindheit als „Wahrheiten" vermittelt bekommen hat, in Frage zu stellen, kommen die meisten Menschen niemals zu der Erkenntnis, daß es die Grundlagen der Gesellschaft selbst sind, die falsch, unsinnig und destruktiv sind. Doch wer sich erlaubt, unsere Gesellschaft, ihre Grundlagen und Überzeugungen einmal von einem übergeordneten Standpunkt aus zu betrachten, wird vielleicht auch zu der Erkenntnis kommen, daß das Wasser (oder die Kacke) schon lange am Dampfen ist.

Die Krankheit, an der die Gesellschaft leidet, hat Methode. Ich werde versuchen, die Grundpfeiler zu beleuchten und die erscheinenden Strukturen transparent zu machen. Gleichzeitig möchte ich jedoch auch andere Ansätze und Sichtweisen aufzeigen. Es geht mir nicht darum, nur darüber zu urteilen, was alles nicht funktioniert, sondern dort zu Alternativen anzuregen, wo man uns angeblich alternativlose Strukturen und Methoden verkauft. Ich bin nicht einfach nur „dagegen" um des Dagegen-Sein willens. Es ist vielmehr so, daß ich nicht anders kann als einen konträren Standpunkt gegenüber dem gegenwärtigen gesellschaftlichen System einzunehmen. Es war nicht meine Absicht, sondern unvermeidlich. Jede Faser in mir spürt die Krankhaftigkeit dieses Systems, die überall immer offensichtlicher wird, für diejenigen, die Augen haben zu sehen. Aus meinem tiefsten Inneren schreit es immer lauter angesichts der perfiden Zustände innerhalb der Gesellschaft, die von den meisten Menschen auch noch als „normal“ erachtet werden.

Diese Gesellschaft ist wie ein Hochhaus, dessen Fundamente marode und verrottet sind, was die Bewohner jedoch konsequent ignorieren, weil bislang noch alles gut gegangen ist. Veränderungen oder Verbesserungen am Gebäude beschränken sich auf Flickarbeiten am Dach, wenn es gerade zu sehr reinregnet, und ein paar neuen Bildern im obersten Stockwerk, damit man sieht, daß etwas getan wird. Wenn sich die Einstellung hinter dieser Art von „Verbesserung“ nicht in naher Zukunft ändert, wird den Bewohnern das Haus schon bald unter dem Arsch zusammenbrechen. Es sei denn, man schafft es, das Gebäude rechtzeitig kontrolliert niederzureißen und statt dessen ein besseres zu errichten. Eines, das auf soliden Fundamenten gebaut ist.

Irrsinn ist definiert als der Versuch, mit ein und derselben Methode verschiedene Ergebnisse zu erzielen. Doch genau das geschieht in unserer Gesellschaft: Man versucht, die Dinge zu „verbessern“, indem man immer neue Variationen eindeutig erfolgloser Methoden ausprobiert, ohne zu merken, daß die Ziele unnatürlich und die Methoden unsinnig sind. Wenn die Gesellschaft wirklich verbessert werden soll, und ich meine für alle Menschen, und nicht nur einen kleinen Anteil, dann müssen die Ziele und Methoden überdacht und erneuert werden. Und als das marode Haus, das diese Gesellschaft ist, muß es zuerst vollständig samt seinen falschen Fundamenten zerstört werden, bevor ein besseres und stabileres errichtet werden kann.

Doch versteht mich nicht falsch, man kann diese Veränderung nicht erzwingen, weder mit Gewalt, noch durch Gesetze. Die Revolution der Gesellschaft, die ich meine, muß im Bewußtsein stattfinden. Es reicht nicht, nur ein disfunktionales System durch ein anderes zu ersetzen und auf den gleichen Irrtümern wieder von vorne zu beginnen. Die Freiheit der Gesellschaft und der Menschen beginnt im Kopf.

FREIER GEIST

Noch ist die glückliche Zeit nicht gekommen,
in welcher die Wahrheit, so wie bisher der Irrtum,
das Bewußtsein der Mehrzahl durchdringen wird.

Cesare Beccaria

Freiheit ist nicht nur die Abwesenheit von Zwang. Sie ist vielmehr die völlige Nutzung des kreativen Potentials, welches dem Geist innewohnt, und das durch mentale Fesseln daran gehindert wird, sich zu entfalten.

Ein freier Geist läßt sich in seinem Denken durch absolut nichts begrenzen und niemanden einschränken, weder durch gesellschaftliche oder moralische Normen, noch durch politische, wissenschaftliche oder religiöse Dogmen. Er gestattet sich, jeden Gedanken zu denken und zu verfolgen, der in seinem Bewußtsein auftaucht und sein Interesse weckt. Er beurteilt keinen Gedanken oder Gedankengang primär mit irgend einem negativen Attribut, weil er nicht in starren Kategorien oder Schubladen denkt, sondern jeden Gedanken für sich selbst und unabhängig betrachtet. Er interessiert sich nicht für verbreitete Ansichten und schert sich nicht um künstliche Konstrukte des degenerierten Zeitgeists wie politische Korrektheit oder die öffentliche Meinung.

Es gibt keinen Gedanken, der nicht gedacht werden, keine Frage, die nicht gestellt werden und keine Überlegung, die nicht angestellt werden darf, weil Gedanken an sich frei sind, auch wenn die meisten Menschen sich die Freiheit des selbständigen Denkens verwehren oder davor zurückschrecken.

Die meisten Menschen sind so unwillig (oder arm an Mut), sich ihres Verstandes zu bedienen, und gleichzeitig so neurotisch, daß man sie getrost als geistig behindert bezeichnen kann. Und so wie öffentliche Gebäude und Einrichtungen in vielen Fällen auf die speziellen Bedürfnisse von körperlich Behinderten ausgerichtet wurden, ist die Gesellschaft als solche auf eine Art konstruiert, die die kollektive geistige Behinderung der Bevölkerung kompensiert. Soll heißen: Die Bürger dieser Gesellschaft werden in jeder Hinsicht davor geschützt, selbständig denken oder Entscheidungen treffen zu müssen, jedenfalls keine schwierigeren, als sich aus fünf Waschmitteln eins auszusuchen.

Und selbst wenn die Menschen zwischendurch mal denken, dann denken sie nicht wirklich selbst. Sie rufen lediglich anerzogene oder auswendig gelernte Informationen ab und kotzen wieder aus, was ihnen als „Wahrheiten" oder „Fakten" eingetrichtert wurde. Sie hören ein bestimmtes Wort und öffnen in ihrem Hirn eine Schublade, die sie mit einem Schlagwort assoziieren, weil ihnen das während ihrer Schulzeit oder von den Medien irgendwann einmal so präsentiert worden ist. Sie denken nicht logisch und mit Vernunft über die Dinge nach, sondern sie verteidigen und rechtfertigen ständig nur ihr anerzogenes Weltbild, denn wenn sie dessen Grundlagen in Frage stellen würden, müßten sie ja umdenken, und das wäre lästig und mit selbständigem Denken und Reflektieren verbunden, und ist daher für die meisten Menschen keine Option. Lieber lassen sie sich von ihrem neuen Gott Fernsehen weiterhin Lügen als „Wahrheiten" predigen. Die Menschen glauben nämlich so sehr an die Unfehlbarkeit der Medien, daß sie allen Ernstes in Diskussionen mit Sätzen argumentieren wie „Das habe ich neulich im Fernsehen gesehen." Diese naive Medienhörigkeit geht so weit, daß die Medien selbst zu einer abstrakten Gottheit erhoben werden, die gerne als *„die im Fernsehen"* bezeichnet wird. *„Die im Fernsehen* haben gesagt" ist gleichbedeutend mit „Gott hat gesprochen." Und was „Gott" sagt, darf man selbstverständlich nicht anzweifeln oder in Frage stellen.

CHIPS
Bier
P.P. Schmitz

DAS SYSTEM

Um die Gesellschaft zu verändern, mußt du dich von ihr lösen. Du mußt aufhören, wie die Gesellschaft zu sein.

Jiddu Krishnamurti

Wir sind umgeben von Lügen. Mehr noch, das ganze System basiert auf Lügen, ja ist eine einzige große Lüge. Es ist vergleichbar mit der Matrix aus dem gleichnamigen Film, nur daß wir nicht wirklich mit einem Stecker daran angeschlossen sind. Unser Stecker befindet sich lediglich in unserem Geist; es ist der Glaube an die unzähligen Lügen und die Unwahrheiten, die uns so lange daran angekoppelt lassen, bis wir unseren Geist von seiner künstlich erschaffenen Abhängigkeit befreit haben und uns von der Matrix lösen können.

Das System hat nur ein einziges Ziel: sich selbst zu erhalten und auszuweiten. Das Wohl der Bürger ist für das System völlig uninteressant, wie wir noch sehen werden. Aus diesem Grunde will man uns glauben machen, daß das „Wir" entscheidend und wichtig für das Wohl der Gesellschaft sei; daß das „Wir", das Gemeinwohl, über dem Wohl des Einzelnen stehen würde und sich der Einzelne unterordnen und zugunsten des Gemeinwohls Opfer bringen sollte; doch das ist nur eine manipulative Suggestion. Um echte Freiheit für alle zu erreichen, muß sich im Gegenteil das „Wir" dem „Ich" unterordnen, muß das Wohl des Individuums über die Agenda des Kollektivs gestellt werden. Erst wenn dies erreicht oder zumindest angestrebt wird, kann der Staat wieder – oder zum ersten Mal – seine eigentliche Aufgabe erfüllen: die Würde, den Schutz und die Freiheit aller Bürger, aller Individuen, zu gewährleisten. Solange die fiktiven Wünsche des „Gemeinwohls" (welches ja keine reale Entität ist, sondern nur ein abstrakter Begriff) über dem Wohl des Einzelnen stehen, wird es weder wahre Freiheit, noch echte Gerechtigkeit geben. Im Gegenteil werden die Interessen des „Gemeinwohls“ (also eigentlich die Interessen derjenigen, die sich ausgedacht haben, was „Gemeinwohl“ in ihrer Phantasie bedeutet) dazu führen, daß nicht nur die Freiheit einiger weniger darunter leiden wird, sondern die Freiheit aller, die sich zugunsten von abstrakten Idealen einer staatlichen Autorität unterordnen müssen. Und am Ende gibt es de facto keine wirklich freien Menschen mehr, weil immer nur dem abstrakten Ideal genüge getan wird, aber den echten Menschen keine Beachtung geschenkt wird.

Das, was sie euch im Fernsehen zeigen, der kleine Ausschnitt der Welt, den sie euch als die Realität suggerieren, ist lediglich ein verzerrter Blick in die Matrix, ein künstlich erschaffenes Bild, das euch vorgaukeln soll, daß die Welt genau so ist. Doch das ist nur eine große Lüge. Sie spielen mit eurer Angst und der Empfänglichkeit eures nach außen gerichteten Bewußtseins. Das ist auch der Grund, warum sie euch täglich mit neuen Schreckensmeldungen und Greueln füttern, warum sie aus all den Milliarden Dingen, die täglich passieren, die furchtbarsten und abscheulichsten heraussuchen und euch auf dem Silbertablett servieren: Weil sie wollen, daß ihr Angst habt; denn ängstliche Menschen sind viel leichter zu beeinflussen, zu beeindrucken, zu manipulieren und zu führen.

Auf der anderen Seite wollen die Menschen, so merkwürdig sich das anhört, auf einer bestimmten Ebene genau die furchtbaren Dinge sehen und hören, die sie *in ihrem eigenen* Leben niemals erleben wollen würden, aber weil „das Böse“ immer weit weg ist, immer *den anderen* passiert, hat es für sie einen Unterhaltungswert bekommen, der ihnen die tägliche Dosis Spannung und Aufregung beschert, den sie in ihrem eigenen Leben schon lange nicht mehr (oder noch nie) erlebt haben.

Habt ihr schon einmal erlebt, wie die Augen von älteren Männern zu leuchten beginnen, wenn sie von ihren Erlebnissen während des Krieges erzählen? Das liegt daran, daß dies die Zeit in ihrem Leben war, in dem sie sich angesichts des sie umgebenden Todes am lebendigsten gefühlt haben.

Das größte Bedürfnis des menschlichen Lebens ist Stimulation. Das ermöglicht diesen Sporen im großen Teig zu erkennen, daß sie lebendig sind, daß sie tatsächlich funktionieren. Sie fühlen etwas. Diese Stimulation ist so etwas wie die Sporen für das Pferd oder ein milder Schock.

Anton LaVey

Die grundlegenden Kontrollmechanismen des Systems sind die Suggestion von „Demokratie" und „Rechtsstaat", um den Menschen die Illusion von Einflußnahme und Sicherheit vorzugaukeln; die Aufrechterhaltung der auf einem christlichen Weltbild basierenden Dualität von „Gut" und „Böse" in allen Lebensbereichen, damit man jederzeit neue Feindbilder aus dem Hut zaubern und die Leute in Angst halten kann; und schließlich den Ausbau der „sozialen Marktwirtschaft", um an den in ständiger Angst lebenden und zu Konsumlemmingen erzogenen Bürgern noch kräftig Profit zu machen. Und das alles wird uns als alternativlos und bestmögliche Welt verkauft.

Es spielt innerhalb des Systems keinerlei Rolle, welche Partei gerade gewählt wird, weil die Vorgaben der politischen Inhalte von denen vorgegeben werden, die im Besitz *wirklicher* Macht und Kontrolle sind, und bestimmte Themen und mögliche Alternativen von vornherein ausgeschlossen werden. Das ganze politische Spiel dient daher eigentlich nur als Ablenkung des Volkes, damit es in dem Glauben lebt, daß sich Dinge ändern könnten oder werden, wenn nur erst die richtigen Politiker gewählt werden.

Obwohl uns das pseudo-demokratische System weismachen möchte, wir könnten durch Wahlen etwas ändern, handelt es sich dennoch um bloße Ablenkung, da wir lediglich die Marionetten sehen, während die eigentlichen Draht- und Fädenzieher stets im Hintergrund bleiben. Wir haben also weder echte Alternativen, noch die Option, eine gültige Nein-Stimme abzugeben, um unsere Ablehnung des Systems auszudrücken und es eventuell sogar abzuwählen, da nur die Wahl einer angetretenen Partei als Stimme gezählt wird.

Diejenigen, die entscheiden, sind nicht gewählt.
Und diejenigen, die gewählt werden, haben nichts zu entscheiden.

Horst Seehofer

Wenn man innerhalb des Systems aufsteigen möchte, muß man zwangsläufig ein Teil davon werden, wie uns die Generation der 68er-Bewegung eindrücklich demonstriert hat, und die nach ihrem „Marsch durch die Institutionen" (Dutschke) heute einen Großteil des korrupten Establishments bildet, das sie einst bekämpft hat.[1]

Das soll nicht heißen, daß sich politisches Engagement niemals lohnt, vor allem im lokalen Bereich. In kleinem Rahmen kann man durchaus Dinge verändern und bewegen, solange die selbsternannten Wächter des Systems dies nicht als Bedrohung erachten. Wenn dieser Fall eintritt, werden die involvierten Personen gezielt diffamiert und auf juristischer oder sozialer Ebene vernichtet. Und wird die Bedrohung vom System als zu groß erachtet, werden im Eilverfahren Gesetze verabschiedet, die unerwünschtes Handeln, ja zum Teil sogar unerwünschtes Denken unterbinden sollen. Alle Themen, die dem System als solchem und seinen Zielen entgegenstehen oder ihm schaden könnten, werden systematisch herausgefiltert, ignoriert oder wenn nötig diffamiert, zensiert oder verboten.

Akademiker, Studenten und andere systemkonforme intellektuelle Schlaubies sind abhängig von offiziell anerkannten Sichtweisen und Dogmen, die vom System vorgegeben werden. Und in akademischen und intellektuellen Diskussionen kann man immer wieder feststellen, daß der geistige Tellerrand der Beteiligten von der Lehrmeinung des System festgelegt wird. Und ein Konsens bezüglich der Lehrmeinung ist dem System und seinen Vertretern wichtiger als Fakten, vor allem wenn sie davon abweichen.

Sowohl das deutsche Bildungssystem, als auch der Arbeitsmarkt sind auf Durchschnittlichkeit, Angepaßtheit und Mittelmaß ausgerichtet. Wer unter dem Mittelmaß und dem Durchschnitt liegt, wird irgendwie mit durchgemogelt, und wer darüber liegt, wird systematisch ausgebremst und runtergezogen. Bildung, wie sie als

---

[1] siehe auch: Pinter, Holger, *Die 68er-Verschwörung. Die Herrschaft der Unfähigen*

Ideal verstanden wird, meint *„die Anregung aller Kräfte des Menschen, damit diese sich über die Aneignung der Welt entfalten und zu einer sich selbst bestimmenden Individualität und Persönlichkeit führen"* (Wilhelm von Humboldt). Es gibt andere Definitionen, aber allen ist im Kern gemein, daß es bei der Bildung des Menschen um die Entwicklung einer kritisch hinterfragenden, selbständig denkenden, reifen und reflektierenden, individuellen Persönlichkeit geht. Bildung ist ferner ein Prozeß, der lebenslang andauert und selbstverständlich niemals abgeschlossen ist. Ich weiß nicht, wie es euch geht, aber meiner Erfahrung nach orientiert sich das Schul- und Ausbildungssystem in Deutschland nicht an diesen Vorgaben und Idealen. Im Gegenteil wird Bildung in der Regel einfach als der Erwerb von Allgemein- oder Fachwissen betrachtet, und von unbedeutenden Fortbildungen abgesehen gilt der Prozeß der Schulbildung mit dem Schulabschluß und der Prozeß der Ausbildung mit dem Erwerb des entsprechenden Scheins als abgeschlossen.

Die in Deutschland vermittelte „Bildung" befähigt zwar einzelne Individuen dazu, innerhalb des Systems aufzusteigen und „Karriere" zu machen, sprich: ihren Platz als Rädchen im System einzunehmen, aber weder die in der Schule vermittelte „Bildung", noch darauf aufbauende Studiengänge erlauben dem Individuum, das System *als solches*, seine Hintergründe und seine wahre Agenda zu verstehen, denn solange man die beschränkte Sichtweise als Rädchen im System einnimmt, wird man niemals dazu imstande sein, das Gesamtbild zu erkennen; denn die vom System angebotene „Bildung" ist natürlich nicht dazu gedacht, *hinter* das System zu blicken. Wie bei jedem System, ist auch dieses auf Beständigkeit ausgelegt, die nicht mehr gewährleistet wäre, wenn die Grundlagen des Systems von jedem hinterfragt und angezweifelt würden. Aus diesem Grund sorgt das System dafür, daß diejenigen, die nicht nach den „Regeln" spielen, als Störenfriede, Spinner oder Verschwörungstheoretiker aussortiert werden.

Atheisten, Satanisten, Agnostiker und philosophische Freidenker legen in der Regel sehr viel Wert darauf zu betonen, daß sie sich vom Glauben an die christliche Religion und die damit verbundenen Dogmen gelöst haben und sich nicht mehr von subjektiven Aussagen und als „Wahrheiten“ präsentierten Lügen kontrollieren lassen. Gleichzeitig unterlassen sie es jedoch, das gleiche in anderen Bereichen des Lebens ebenso zu praktizieren. Die heutige Medizin und große Teile der Wissenschaft beispielsweise, sind, wie wir noch sehen werden, auf die gleiche Weise strukturiert und arbeiten mit den gleichen Methoden wie eine Religion, einschließlich zahlreicher Dogmen, die nicht hinterfragt werden dürfen, einer eingeweihten Kaste von Priestern in Weiß, und Ausübung von Macht und Kontrolle über die nicht-eingeweihte Masse.

Die Existenzberechtigung von quasi-religiösen Systemen basiert auf deren Dogmen und Axiomen. Ebenso wie das Christentum und sein umfangreicher theologischer Überbau nur Sinn machen, wenn man die Existenz des christlichen Gottes als Basis nimmt, funktionieren das gegenwärtige medizinische und wissenschaftliche System auch nur auf überholten, unlogischen, widerlegbaren und falschen Axiomen. Ohne diese Annahmen fallen die jeweiligen Gebäude in sich zusammen. Doch dazu später mehr.

Wenn man in einer Gesprächs- oder Diskussionsrunde eines der Grundlagen des Systems, einen liebgewonnenen Konsens oder eine heilige Lehrmeinung anzweifelt, folgt die Reaktion der Gläubigen sofort. Sachliche Argumentation? Kein Interesse. Wen interessieren schon Fakten und Hintergründe? Es ist, als habe man in der Kirche die Existenz Gottes angezweifelt, woraufhin man sofort als Sünder und Ketzer gebrandmarkt und fortan aus der Gemeinschaft ausgeschlossen wird, weil man gegen die heilige Ignoranz verstoßen hat. Und so wie man früher mit dem Makel der Sünde behaftet war, wenn man die allgemeingültigen „Wahrheiten“ angezweifelt hat, so wird man heutzutage als Verschwörungstheoretiker gebrandmarkt und entweder lächerlich gemacht, diffamiert oder für verrückt erklärt.

Um seine Ziele zu erreichen, bedient sich das System dreier Methoden: Angst, Ablenkung und direkte Einflußnahme.

1. Angst.

In diesen Bereich fallen zunächst einmal die zahlreichen Ängste, die den einfach strukturierten und mediengläubigen Menschen tagtäglich durch Fernsehen, Radio und Zeitungen suggeriert und von diesen kultiviert werden: Das beginnt mit der Angst davor, nicht mehr dazuzugehören und den Anschluß an die Herde oder irgend eine Peer Group zu verlieren, was TV-Serien, Mode, technisches Equipment oder den neuesten Tratsch über sogenannte Prominente angeht, und endet mit der Angst vor „Krebs", „AIDS" und zahlreichen anderen Pseudo-Krankheiten und erfundenen Seuchen, Umweltkatastrophen, dem Ozonloch, der Klimaerwärmung, etc. *Ad nauseam.*

Eines der größten, in den letzten Jahrzehnten nach und nach gezielt kultivierten und der Gesellschaft heute besonders angsteinflößenden Themen ist der „Internationale Terrorismus", eine Bedrohung, die scheinbar alle Einschränkungen der Freiheit rechtfertigt und als Pseudo-Grund für immer mehr Kontrollausübung seitens der Behörden und den Verlust der persönlichen Freiheit der Menschen herhalten muß.

Um die Anfänge dieser Entwicklung zu verstehen, muß man bis in die 1980er Jahre zurückblicken: Nach Beendigung des Kalten Krieges und dem Zerfall der Sowjetunion gab es für die westlichen Nationen, insbesondere natürlich die Vereinigten Staaten von Amerika, kein bedrohliches Feindbild mehr, auf dessen Grundlage man die Bevölkerung in ständiger Angst halten und gleichzeitig große Summen aus dem Staatshaushalt in direkte oder indirekte Mittel zur Kriegsführung fließen lassen konnte.

Aus diesem Grund benötigte das System ein neues Feindbild, eines das weitaus bedrohlicher sein mußte als die Sowjetunion, und vor allem weniger greifbar, damit man überall auf der Welt und in allen Bereichen des Lebens Gründe finden kann, die einen Eingriff in die Freiheit der Menschen rechtfertigen.

Dieser neue „unsichtbare Feind", mit dem man die in ständiger Angst lebende Bevölkerung leichter dazu zu bewegen kann, zugunsten von „Sicherheitsmaßnahmen" auf bestimmte Freiheiten zu verzichten, ist der „Internationale Terrorismus". Doch dieser neue Feind ist nicht etwa „zufällig" genau zur „richtigen" Zeit auf der Bildfläche erschienen, sondern er wurde bewußt und gezielt ins Leben gerufen.

Die immer wieder als gefährliche „Terrororganisation" dargestellte „Al-Quaida" ist in Wirklichkeit eine Datenbank von internationalen Söldnern und Freiheitskämpfern (wie man die heutigen „Terroristen" früher nannte), die von der CIA ausgebildet und finanziert wurden, um die sowjetischen Besatzer in Afghanistan zu bekämpfen, die dort Ende 1979 einmarschiert waren. Gleichzeitig wurde Afghanistan seit Beginn der 1980er Jahre immer mehr zum Haupterzeugerland für Opium und Heroin, ein weltweit Hunderte von Milliarden Dollar einbringendes Geschäft, das von der CIA kontrolliert wurde. Doch im Jahre 1996 ergriffen in Afghanistan die Taliban die politische Macht, was unter anderem zur Folge hatte, daß bis zum Jahre 2001 fast alle Opium-Felder im Land zerstört wurden.

Parallel zu dieser Entwicklung fanden seit Anfang der 1990er Jahre immer wieder Terroranschläge statt, die angeblich von „Al-Quaida" ausgeführt wurden. Tatsächlich heißt das, daß die Geheimdienste CIA, Mossad und MI6 sich der Söldner aus ihrer Datenbank bedient haben, um der Welt mit gezielten Anschlägen ihr neues Feindbild klarzumachen, das am 11. September 2001 mit dem Einsturz der Türme des World Trade Centers gipfelte, und den perfekten Grund lieferte, damit die westlichen Streitkräfte unter Führung der USA in Afghanistan einmarschieren konnten, weil bereits nach kurzer Zeit feststand, daß die Taliban den offiziell für den angeblichen Terroranschlag verantwortlichen Terroristen von „Al-Quaida" und deren vermeintlichen Anführer Osama bin Laden, geholfen und diese unterstützt hatten. Doch die angeblichen Anschläge von „Al-Quaida", einschließlich des 9/11-Ereignisses (siehe Anhang: 9/11 Reloaded) sind allesamt sogenannte *False Flag Operations*, also verdeckte und inszenierte

Angriffe, um Gründe für militärische Aktionen und Kriege zu liefern und gleichzeitig die wahren Drahtzieher zu verschleiern.

Im Laufe der Jahre wurde für die Menschen in der westlichen (christlichen) Welt nicht nur Terrorismus als *die* neue Bedrohung etabliert, sondern auch der Islam als solches das übergeordnete Feindbild, weil die große Masse der einfachen Menschen aufgrund gezielter Propaganda des weltweiten Mediennetzwerkes kaum noch einen Unterschied zwischen beiden macht.

Doch es ist nicht der Islam, der eine Bedrohung für die Welt darstellt. Es ist das (christliche) Amerika, das die Welt mit Krieg überzieht, im Kampf gegen Feinde, die sie selbst erschaffen haben, um dann als die guten Weltpolizisten aufzutreten und ein Land nach dem anderem unter dem Deckmäntelchen der „Demokratie" zu erobern. Auf lange Sicht ist der „Krieg gegen den Terror" das gezielt eingesetzte Mittel zum Zweck, um die Neue Weltordnung der USA und ihrer Verbündeten zu errichten, einschließlich der völligen Kontrolle über die natürlichen Ressourcen des Planeten, das globale Mediennetzwerk und das gesamte Finanzsystem der Welt. Doch macht euch eines vollkommen klar: Es ist nicht alleine die amerikanische Regierung, die hinter der Neuen Weltordnung steht, obwohl den Vereinigten Staaten eine wichtige Rolle in der politischen Entwicklung und Einflußnahme zukommt. Selbst die amerikanische Regierung (und damit die Kontrolle über das amerikanische Militär) wird gezielt von den Puppenspielern der Neuen Weltordnung manipuliert und benutzt. Diese Leute gehören keinem bestimmten Land an, sind keiner Regierung verpflichtet und folgen keinen Gesetzen außer ihren eigenen. Sie spielen mit Nationen und Menschen wie mit Figuren auf einem Schachbrett. Und sie werden jedes Opfer bringen, daß sie für nötig halten, um ihre Agenda durchzusetzen und ihre Ziele zu erreichen.

Die Geschichte des 20. Jahrhunderts sollte uns gelehrt haben, daß es wichtig ist, Umstände zu schaffen, bevor es zu Krisen kommt, und Drohungen zu begegnen, bevor sie eskalieren. Die

Geschichte des letzten Jahrhunderts sollte uns gelehrt haben, die amerikanische Führung anzunehmen.[2]

Der Transformationsprozeß wird, selbst wenn er eine revolutionäre Änderung herbeiführt, wahrscheinlich länger dauern, außer es geschieht ein katastrophales und katalysierendes Ereignis – so wie ein neues Pearl Harbor.[3]

Fällt euch dabei das gleiche Ereignis ein wie mir?

Der von den USA inszenierte „Krieg gegen den Terror" findet jedoch nicht nur weit weg im Nahen Osten statt, sondern seine Auswirkungen sind für die Menschen in allen westlichen Ländern zu spüren. Im Laufe der letzten zehn Jahre hat sich aufgrund von gezielter Medienpropaganda eine irrationale Hysterie innerhalb der Gesellschaft entwickelt, so daß heutzutage jeder Moslem unter Generalverdacht steht, ein Terrorist zu sein, und jeder abgestellte Koffer eine potentielle Bombe ist. Die Lautsprecherdurchsage auf Flughäfen und Bahnhöfen: „Sicherheitshinweis: Bitte lassen Sie Ihr Gepäck nicht unbeaufsichtigt." bedeutete früher, daß man auf sein Gepäck achten soll, damit es nicht gestohlen wird. Heute bedeutet es: Achten Sie auf Ihr Gepäck, damit Sie nicht unbeabsichtigt einen Bombenalarm auslösen.

2. Ablenkung

Die seit dem Niedergang des Römischen Reiches als Ablenkung des Volkes verwendete Methode *panem et circenses* (Brot und Spiele) erfreut sich auch heute noch großer Beliebtheit. Früher gingen die Leute ins Kolosseum, um Zerstreuung und Ablenkung vom tristen Alltag zu finden und gleichzeitig aufgestaute Frust und Aggression abzubauen; heute gehen sie ins Fußballstadion, und wer lieber zu Hause bleiben möchte, kann sich natürlich auch

---

[2] From the Project's founding *Statement of Principles* in *Rebuilding America's Defenses, A Report of The Project for the New American Century, September 2000*, übers.v.A.

[3] ebenda, S.51, übers.v.A.

einfach vor den Fernseher setzen, der nicht nur den Priester auf der Kanzel abgelöst hat, sondern auch Direktübertragungen aus den modernen Kolosseen der Welt liefert. Neben den wöchentlich stattfindenden Sportereignissen gibt es außerdem regelmäßig groß inszenierte, globale Sportereignisse wie Olympische Sommer- und Winterspiele sowie Europa- und Weltmeisterschaften im Fußball, Tennis, Boxen, Formel 1, etc. *Ad nauseam.*

Wem sportliche Ereignisse nicht genug Aufregung und Ablenkung sind, für den gibt es selbstverständlich regelmäßig in den Medien zelebrierte erlesene Skandale aus den Bereichen Politik, Wirtschaft, Medien oder Sport, die außerdem den Zweck erfüllen, die Menschen mit Bösewichtern und Feindbildern zu versorgen, damit sie jemanden haben, über den sie lästern und sich das Maul zerreißen können.

Und für die tägliche Dosis wahlweise Ablenkung, Bestätigung, Stimulation oder auch Identifikation liefert das Untermenschenfernsehen mit zahlreichen Sendern ausreichend Material für all die Schwachköpfe, die tatsächlich all den Mist glauben, den man ihnen vorsetzt und selbstredend zu allem eine Meinung, aber tatsächlich von nichts eine Ahnung haben. Der methodisch von den Mainstreammedien inszenierte und zelebrierte Inferiorismus, die Verherrlichung des Minderwertigen, zeigt sich in der Folge auch in allen Facetten der Gesellschaft, beispielsweise im Bereich „Mode“, denn wenn etwas als „modisch“ gilt, setzt bei den Herdenmenschen jede andere Gehirnfunktion aus, was dazu führt, daß man ihnen wortwörtlichen Dreck und Abfall verkaufen kann, solange er gerade „im Trend“ ist. Das Konzept ist so einfach und genial, man muß die Geschäftsidee sogar bewundern: Große Firmen kaufen riesige Mengen an beschädigter Ausschußware und Stoffen minderer Qualität auf und verarbeiten diese Reste zu allen möglichen Kleidungsstücken, die jedoch ob ihrer „Besonderheiten“ als „Designer-Produkte“ angeboten werden, weil die Menschen im allgemeinen die Fähigkeit der Unterscheidung zwischen Qualität und Dreck verloren haben. Auf diese Weise werden beispielsweise Hosen mit Farbklecksen, Rissen, Löchern und anderen Beschädigungen zu überhöhten Preisen millionenfach unters

Volk gebracht, weil offenbar niemand merkt oder zugeben möchte, daß der Kaiser nackt ist.

Viele Frauen lassen sich auch von Modemagazinen und ihrem Friseur „Frisuren“ aufschwatzen, die aussehen, als hätten sie ihn beleidigt und zur Strafe ein totes Tier auf den Kopf bekommen.

Wer sich „der Mode entsprechend“ kleidet, zeigt damit nicht nur, daß er keinen eigenen Geschmack oder Stil hat, und nicht weiß, was zu seinem Typ paßt, sondern vor allem den sklavischen Charakter seines Geistes und den verzweifelten Versuch, durch Konformität zum kurzlebigen Zeitgeist eine Zugehörigkeit zu den „Normalen“ zu erreichen, wobei sich die Modeindustrie an der Masse derjenigen dumm und dämlich verdient, die gerne „in“ oder „im Trend“ sein möchten, während es lediglich einzelne „Designer“ sind, die aus ihren Elfenbeintürmen heraus bestimmten, was die Herde aktuell zu mögen hat.

3. Direkte Einflußnahme

Dem System stehen zahlreiche Mittel zur Verfügung, um direkt auf die Menschen in der Bevölkerung einzuwirken, sowohl auf ihren Geist, als auch auf ihr körperliches Wohlbefinden. Von verzerrter, manipulierter und zensierter Berichterstattung in den Massenmedien und einer systematischen Gehirnwäsche der Menschen durch eine gigantische Propagandamaschinerie, die Lügen als Wahrheiten, Gift als Medizin und Dreck als Nahrung anpreist, bis hin zur tatsächlichen physischen Einflußnahme auf die Menschen, ihre Gesundheit und die Umwelt. Dazu zählen die unsinnige Empfehlung und Nutzung von de facto toxischen Substanzen in Medikamenten, Impfstoffen und Nahrungsergänzungsmitteln zur „Vorbeugung“ von „Krankheiten“, die Verwendung von ungesunden und giftigen chemischen Substanzen bei der Aufzucht von Nutztieren, deren Futtermitteln sowie die Verwendung von toxischen Düngemitteln und Pestiziden beim Anbau von pflanzlichen Nahrungsmitteln und die wissentliche Verwendung von giftigen chemischen Verbindungen und Inhaltsstoffen in Lebensmitteln, Getränken und Körperpflegeprodukten.

Mir ist bewußt, daß diese Mechanismen eine bewußte und gezielte Einflußnahme implizieren, aber ist es wirklich so abwegig und schwer vorstellbar, daß unglaublich reiche und mächtige Individuen sich zusammenschließen und koordinieren, um gezielt Einfluß auf die Gesellschaft nehmen und sie nach ihren Vorstellungen zu verändern? Wer das lediglich als Verschwörungstheorie sieht, sollte sich einmal mit den Hintergründen beschäftigen, die zu den großen Ereignissen und Veränderungen innerhalb der Gesellschaft führen und geführt haben.

Im übrigen ist es ziemlich einfach, eine Gesellschaft zu kontrollieren, wenn man an verschiedenen Schlüsselpunkten innerhalb des Systems wie Medien, Politik, etc. gezielt Marionetten einsetzt, die man kontrolliert. Alle wichtigen Bereiche des Systems sind hierarchisch strukturiert, weshalb es nicht nötig ist, alle Beteiligten einzuweihen oder zu kaufen. Es reicht völlig aus, um ein Beispiel zu nennen, wenn ich an den richtigen Stellen an der Spitze von Nachrichtenagenturen und den größten Verlagshäusern Einfluß nehme, um die gesamte Mainstreampresse zu kontrollieren. Alle Anweisungen von oben werden automatisch nach unten weitergegeben und wer innerhalb der hierarchischen Gliederung nicht mitspielt, riskiert seinen Arbeitsplatz oder seinen sozialen Status.

Um die Kontrolle über die verschiedenen Bereiche der Gesellschaft nach und nach zu erweitern, wurden im Laufe der letzten Jahrzehnte immer mehr kleinere Unternehmen und Firmen von großen Konzernen übernommen oder es kam zu Fusionierungen von mehreren größeren Unternehmen und Konzernen, mit dem Ergebnis und bewußten Ziel, die Kontrolle über einen oder mehrere Bereiche der Gesellschaft zu erlangen. Natürlich geht es bei diesen Aufkäufen und Fusionierungen immer auch im Profit, aber die gezielte Einflußnahme und Kontrolle ist nach wie vor das wichtigste Ziel der großen Konzerne.

Die vorgenannte Entwicklung findet in allen wichtigen Bereichen der Gesellschaft statt: Medien, Nahrungsmittel, Pharmazeutik, Haushalts- und Pflegeprodukte, Transport, etc. Der Nestlé-

Konzern beispielsweise kontrolliert mittlerweile über 600 verschiedene Firmen und Marken (darunter Maggi, Alete, Thomy, Vittel, Buitoni und Wagner), die internationalen Medien werden von nur einigen wenigen Presseagenturen (Reuters, AP, AFP, UPI DPA) mit vorgekauten Informationen versorgt, der deutsche Buch- und Zeitschriftenmarkt wird von wenigen großen Verlagshäusern (Random House, Springer, Burda) bestimmt, und auch in der Pharmabranche teilen sich ein paar Riesenkonzerne den Markt (Johnson & Johnson, Novartis, Pfizer, Roche, Merck, Glaxo-Smith-Kline). Und das ist nur die Spitze des Eisbergs. Dr. James Glattfelder von der ETH Zürich fand in einer umfassenden Untersuchung heraus, daß bei weltweit ca. 37 Millionen Unternehmen insgesamt nur etwa 1.300 Konzerne die Kontrolle über das weltweite Netzwerk dieser Unternehmen haben, deren Fäden wiederum bei lediglich 150 Konzernen zusammenlaufen, die meisten davon Finanzunternehmen und Bankengruppen.

In der Gesundheitsbranche ist deutlich erkennbar, daß der Trend zu immer mehr privaten Trägern bei Kliniken und Krankenhäusern geht, und auch niedergelassene Arztpraxen werden nach und nach zugunsten von großen Ärztehäusern oder medizinischen Zentren geschlossen, wodurch die Medizin langsam aber sicher unter die Kontrolle von privaten Konzernen fällt, deren vorrangiges Interesse sicher nicht die Gesundheit der Menschen ist, sondern Profit und Kontrolle.

Das gegenwärtige System mit all seinen Komponenten kann nur weiterbestehen, wenn das gegenwärtig etablierte Weltbild-Paradigma weiter aufrechterhalten wird. Aus diesem Grund müssen sich alle am System angeschlossenen Teile notwendigerweise an den Konsens anpassen, weil alle diese Teile untrennbar miteinander verknüpft und vernetzt sind. Würde ein Teil des Systems die als Wahrheit verkauften Lügen und die Propaganda nicht mehr unterstützen, würde es innerhalb des Systems zugrunde gehen, weil es nicht mehr kompatibel wäre und keinen Profit mehr machen würde.

Die heutige, sogenannte Wissenschaft ist nicht ergebnisorientiert und erst recht nicht frei, sondern zielorientiert aufgrund von Aufträgen derjenigen, die bestimmte Absichten haben, nämlich entweder den Status quo zu erhalten oder neue Abhängigkeiten zu erschaffen, die ihnen neues Einkommen und mehr Kontrolle und Macht zusichern. Die sogenannte moderne Wissenschaft ist ein Instrument der Kontrolle, nicht des Fortschritts.

Das gleiche Prinzip gilt auch und insbesondere für die Pseudo-Wissenschaft Medizin, weil die sogenannte Gesundheitsbranche eines der einflußreichsten und effektivsten Kontrollmechanismen innerhalb des Systems darstellt, denn die Grundlagen und Axiome der gegenwärtigen Lehrmeinung innerhalb der Medizin haben Auswirkungen bis in die kleinsten Bereiche unseres Lebens.

Das komplette medizinische Paradigma basiert nicht etwa auf wissenschaftlichen Grundlagen und Fakten, sondern auf Hypothesen (sprich: unbewiesenen Annahmen!), die im Rahmen eines *Consensus omnium* zu Wahrheiten erklärt werden. Die Infektionstheorie beispielsweise basiert auf der in Auftrag gegebenen Zielforschung von Louis Pasteur und Robert Koch, deren Aufzeichnungen aufzeigen, daß das Ergebnis ihrer „Forschungen“ bereits vorher festgelegt war, diese jedoch mit wissenschaftlichen Methoden nicht haltbar waren.[4] Die nach Robert Koch benannten Koch'schen Postulate sind in keinem einzigen Fall zutreffend und obwohl die Infektionstheorie sogar gemäß ihrer eigenen Regeln falsch ist, hält die Medizin weiter daran fest. Die Theorie infektiöser Viren kam in einer Zeit auf, nämlich Ende des 19. Jahrhunderts, in der es gerade mal einfache Lichtmikroskope gab, mit denen die angenommenen Viren nicht einmal zu sehen waren. Doch selbst nachdem das Rasterelektronenmikroskop erfunden war, blieb die Forschung den Beweis schuldig, daß angeblich krankheitsauslösende Viren überhaupt existieren. Bis heute werden Dutzende von biologischen Prozessen im Körper als „Krankheiten“ interpretiert und bestimmten Viren zugeschrieben, die weder

[4] vgl. dazu: Geison, Gerald L., *The Private Science of Louis Pasteur*, Princeton University Press, New Jersey 1995

nachgewiesen, isoliert, noch fotografiert oder genetisch analysiert wurden. Oftmals werden sogar neue „Krankheiten“ und dazugehörige Viren erfunden, nur um weitere Angst in der Gesellschaft zu schüren und natürlich, um weitere Profitmöglichkeiten zu eröffnen. Das bekannteste Beispiel ist „AIDS“, eine Sammelbezeichnung von Symptomen anderer „Krankheiten“, angeblich durch ein Virus („HIV“) übertragen, das niemals nachgewiesen und isoliert wurde. Ich habe die Geschichte um „HIV“ und „AIDS“ bis zu ihren Ursprüngen recherchiert und mir die Original-Arbeiten angesehen. Dort wird alles Mögliche in einem obskuren Laborversuch zusammengepantscht und die stattfindende Reaktion als Retrovirus interpretiert. Ein tatsächlicher Virusnachweis ist jedoch in den Arbeiten definitiv *nicht* enthalten. Alle Fakten, Hintergründe und Quellenangaben finden Sie in meinem Buch über das Thema.[5]

Auf der Basis der niemals bewiesenen Infektionstheorie lassen bis heute Millionen von Eltern ihre Kinder impfen, weil sie an die Autorität von Ärzten glauben und deren Aussagen nicht in Frage stellen, obwohl es keinerlei Beweis dafür gibt, daß eine Impfung vor irgend einer „Krankheit“ schützt. Die einzig wirksamen Stoffe in diesen Impfungen sind Nervengifte wie Formaldehyd, Aluminiumhydroxid und Quecksilberverbindungen wie Thiomersal.

Seuchen und Epidemien sind nicht aufgrund von Impfungen zurückgegangen, wie man es gerne darstellt, sondern bereits *vorher* durch die Verbesserung der hygienischen Umstände. Hygiene bedeutet wohlgemerkt *nicht* Keimfreiheit, wie uns der heutige Sagrotan-Kult Glauben machen möchte, sondern ein *ausgewogenes* Milieu. Völlige Keimfreiheit ist nicht nur unmöglich (und außerhalb eines begrenzten Bereichs während einer notwendigen Operation auch nicht notwendig), sondern völlig unsinnig und kontraproduktiv. Die Menschen machen sich nicht klar, daß wir nicht nur zehn mal mehr Bakterien in unserem Körper haben als eigene Zellen – und das sind immerhin 100 Billionen, – sondern daß wir ohne diese Bakterien nicht überleben, ja nicht einmal existieren

---

[5] Kronlob, Lars P., *Keine Angst vor HIV. Gib den Fakten eine Chance*

würden. Bis zu 10.000 verschiedene Arten von Bakterien hat man bislang im menschlichen Körper gefunden. Und nein, darunter gibt es keine „bösen“ Bakterien. Alle in uns lebenden Mikroorganismen haben eine Aufgabe, weshalb sie sich auch nur dann über ein normales Maß hinaus vermehren, wenn dies gerade biologisch notwendig ist, um diese spezielle Aufgabe zu erfüllen.

„Da gibt es eine neue Studie, die sagt dieses und jenes...“, heißt es. Das mag ja sein, aber im nächsten Monat gibt es wieder eine neue Studie, die genau zum gegenteiligen Schluß kommt. Und wieder etwas später gibt es weitere Studien, die zu wieder anderen Ergebnissen kommen. *Ad nauseam.* Daß diese Studien allesamt wertlos sind, liegt daran, daß sie nichts weiter sind als subjektiv und selektiv als Kausalitäten fehlinterpretierte Korrelationen (eine unlogische und falsche Schlußfolgerung, die die Medizin offenbar nie lernen wird), die zudem in der Regel in Auftrag gegebene Zielforschungsstudien sind, bei denen das gewünschte Ergebnis vom Auftraggeber bereits im Vorfeld festgelegt wird, um als Pseudo-Begründung für die Ursache einer „Krankheit“ oder der Wirksamkeit eines neuen Medikaments herzuhalten.

Die Medizinbranche ist nicht an eurer Gesundheit interessiert, sondern daran, Geld zu verdienen. Gesundheit und Profit schließen sich in diesem System aus, deshalb sind Vorsorgeuntersuchungen nichts weiter als Kundenakquise. Das gleiche gilt für die Pharmaindustrie. „Wir wollen Sie gesund“ oder „Gesund leben“, werben Apotheken, doch wenn wir gesund wären, könnten die ihre Läden dicht machen, also ist all das Gerede nur Heuchelei und Werbemanipulation.

Die bedeutendsten Erfindungen werden unterdrückt, weil sie die wirtschaftliche Stabilität bedrohen. Wenn durch eine neue Erfindung eine bestehende veraltet, wird man sich ihr widersetzen, solange auf die alte Weise noch finanzielle Interessen befriedigt werden können. Fortschritt und Profit sind unvereinbar.

Anton Szandor LaVey

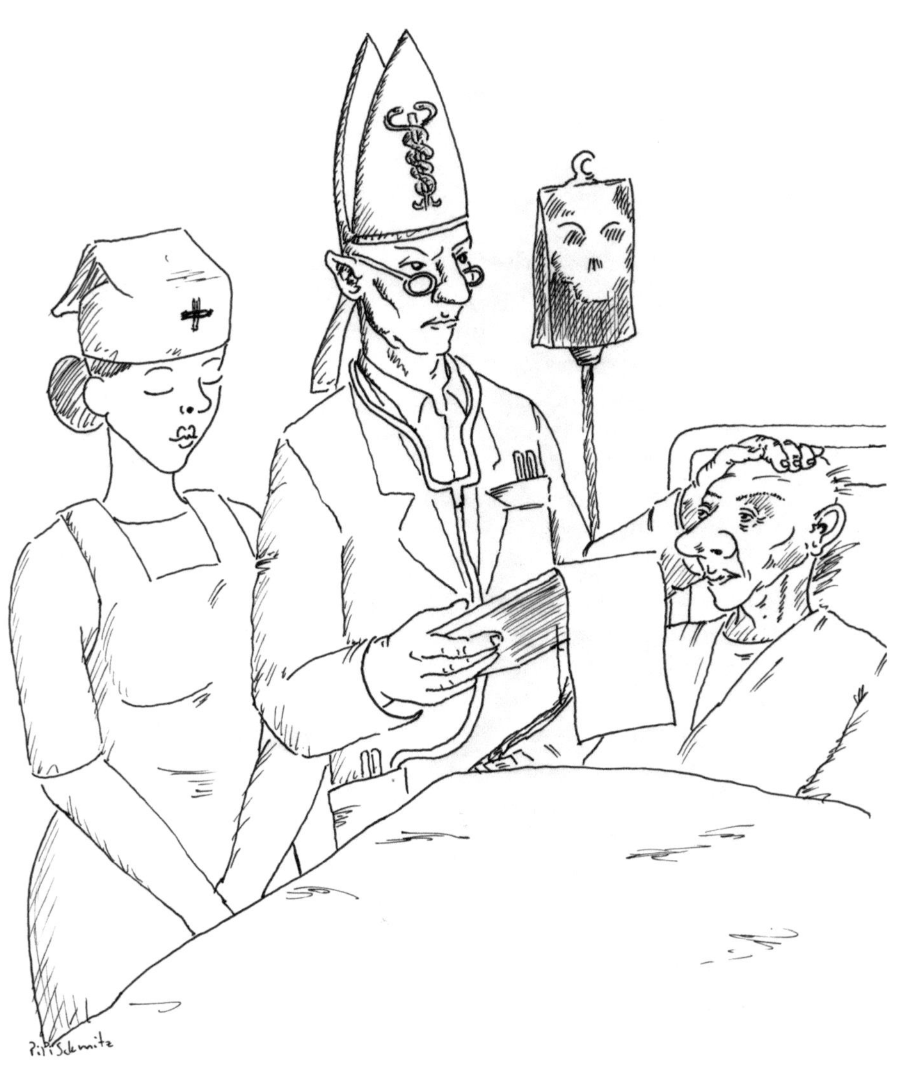

Unsere Leichtgläubigkeit ist krasser als die des Mittelalters, weil der Priester kein so unmittelbares pekuniäres Interesse an unseren Sünden hatte wie der Arzt an unseren Krankheiten.

George Bernhard Shaw

Die Schulmedizin ist nichts weiter als eine neue Religion, und die auf jüdisch-christlichem Gut-Böse-Denken basierenden Paradigmen wie „Infektion", „Ansteckung" oder „Krebs" sind religiöse Konzepte, die von der Grundannahme ausgehen, daß die Natur dem Menschen feindlich gesinnt ist. Deshalb werden auch alle im Körper ablaufenden Prozesse, die gemäß der schulmedizinischen Definition nicht der „Norm" entsprechen, als „Krankheiten" bezeichnet, auch wenn man den Grund für diese Prozesse nicht kennt und darüber lediglich Hypothesen aufstellt.

Im Jahre 1981 machte der deutsche Arzt Dr. Ryke Geerd Hamer eine Entdeckung, die das medizinische System eigentlich hätte revolutionieren müssen, denn er fand heraus, daß die Axiome und Hypothesen, auf denen die Schulmedizin basiert, inkorrekt sind: Was im gegenwärtigen medizinischen Paradigma als „Krankheiten" bezeichnet wird, sind eigentlich natürliche biologische Regulationsprozesse, die einen sinnvollen Zweck erfüllen, auch wenn wir uns währenddessen „krank" fühlen. Bakterien und andere Mikroorganismen sind nicht etwa unsere Feinde, sondern im Gegenteil biologische Verbündete, die mit uns in Symbiose leben und gezielte Aufgaben m Körper übernehmen. Seine Entdeckung nannte er die Neue Medizin, ein jederzeit in jedem beliebigem Fall überprüfbares System basierend auf biologischen Naturgesetzen.

Es würde den Rahmen dieses Buches sprengen, die Neue Medizin an dieser Stelle komplett und ausführlich zu erklären. Ich habe zu diesem Zweck ein eigenes Buch geschrieben, welches die Grundlagen und biologischen Gesetzmäßigkeiten der Neuen Medizin auch für medizinisch nicht gebildete Menschen erklärt und es jedem Menschen erlaubt, in seinem eigenen Leben die Richtigkeit der Neuen Medizin zu überprüfen und die Erkenntnisse für sich zu nutzen, um sich ein unabhängiges Urteil zu bilden. Ich übertreibe nicht und sage euch ganz offen und direkt: Dieses Buch kann euch das Leben retten.[6]

---

[6] Kronlob, Lars P, *Die NEUE MEDIZIN. Grundlagen zum Verständnis von Krebs und anderen biologischen Programmen*

Die Schulmedizin bezeichnet weiterhin unzählige natürliche und sinnvolle Prozesse im menschlichen Körper als „Krebs", weil sie nicht versteht (und offenbar auch nicht verstehen will), was diese Prozesse bedeuten und welcher Sinn dahintersteckt. Sie behauptet, „Krebs" sei ein Geschehen, bei dem Zellen entarten und das Ziel haben, den Körper zu infiltrieren und sich so lange auszubreiten, bis der Mensch schließlich stirbt. Diese Hypothese basiert auf der veralteten sogenannten Virchow'schen Zellularpathologie, die davon ausgeht, daß eine Zelle einfach so entarten kann und anschließend unkontrolliert wild wuchert und andere Zellen dabei anregt, das gleiche zu tun. Auf der Basis dieser Behauptungen, die nichts als reine Vermutungen sind, wurde im Laufe der Zeit ein riesiger Komplex errichtet, mit dem Ziel, „Krebs" zu vernichten. Doch dieser Kampf ist unsinnig, seine Methoden unnötig und seine Grundlagen Lügen.

„Aber Menschen sterben doch an Krebs?" heißt es. Das ist korrekt. Man kann durchaus an einem dieser Programme sterben, wenn man nicht weiß, welchen Gesetzmäßigkeiten sie unterliegen, ebenso wie man auch in flachem Wasser ertrinken kann, obwohl man dort eigentlich stehen kann. Doch Wasser selbst ist ebensowenig tödlich wie die biologischen Programme, welche die Schulmedizin in ihrer Ignoranz „Krebs" nennt. Die meisten Menschen mit der Diagnose „Krebs" jedoch sterben an einer Kombination aus Chemogift und Angst.

Man braucht der Masse nur eine neue Einsicht vom elementarer Plausibilität vor Augen zu führen, und unter Zehntausenden wird nicht ein einziger sie erkennen, und unter Hunderttausenden wird sie niemand ohne erbitterten Widerstand akzeptieren. [...] Wo die Wahrheit es schwer hat, wird der Irrtum liebevoll aufgenommen.

Henry Louis Mencken

Ein großer Teil der Agenda des Systems besteht neben Kontrolle und Ausübung von Macht in der maximalen Ausbeutung der Menschen. Ebenso wie bei der Ausübung von Kontrolle ist das System auch beim Profitstreben nicht zimperlich in der Wahl der Mittel. Soll heißen: Jedes notwendige Mittel und Vorgehen wird eingesetzt und angewendet, solange es zu den gewünschten Zielen führt. Und sowohl bei der Erreichung seiner Ziele als auch beim Streben nach Profit sind dem System Mensch und Umwelt völlig egal.

Die Profitgier des Systems ist so groß, daß dafür in Kauf genommen wird, den Planeten und seine Bewohner wortwörtlich zugrunde zu richten. Die Abholzung des weltweiten Waldbestandes hat eine Größenordnung erreicht, daß jeden Tag eine Waldfläche von der Größe einer Millionenstadt für immer verschwindet. Die Luftverschmutzung hat in Städten und Ballungsgebieten bedrohliche Ausmaße angenommen, aber anstatt etwas dagegen zu tun, werden einfach nur die zulässigen Grenzwerte erhöht, und diejenigen Firmen, die dagegen verstoßen, zahlen lieber Strafe, weil das günstiger ist, als ihre Fabriken umzurüsten und dadurch weniger Profit zu machen. Und natürlich müssen immer mehr Autos verkauft werden, weil es natürlich keine Option ist, daß die Autoindustrie weniger Umsatz machen könnte. Millionen Tonnen von Giftmüll werden entweder unterirdisch in alten Zechen oder auch illegal in den Meeren entsorgt und verklappt, was nach und nach die Vergiftung unseres Trink- und Grundwassers zur Folge hat. Weltweit wurden seit 1945 mehr als 2.000 Atombomben im Rahmen von Atomtests gezündet, und es scheint niemanden zu interessieren, was das für Folgen für den Planeten hat. Der Umgang der Menschen mit der Natur hat die Zerstörung unzähliger natürlicher Ökosysteme und die Ausrottung von Zehntausenden von Tierarten zur Folge. In fast allen unseren Nahrungsmitteln und im Trinkwasser lassen sich heutzutage toxische Substanzen nachweisen, aber der Nahrungsmittelindustrie scheint es völlig egal zu sein, daß die gesamte Bevölkerung langsam aber sicher vergiftet wird. Hauptsache, der Profit stimmt!

Bei 50 Prozent Profit drückt der Kapitalist beide Augen zu,
bei 75 wird er kriminell und bei 100, da geht er über Leichen.

Karl Marx

WAHRNEHMUNG

Die Landkarte ist nicht die Landschaft.

Alfred Korzybski

Obwohl die Menschen in unserer offiziell christlichen Gesellschaft nicht wirklich christlich leben, so basiert eines der unantastbaren Axiome der Gesellschaft dennoch auf dem jüdisch-christlichem Verständnis, daß in allen Bereichen des Lebens absolute Gegensätze existieren, die eine Dualität bilden. Anders als frühere polytheistische Kulturen, deren „Götter" einfach für die verschiedenen Bereiche des Lebens zuständig waren, gibt es in den monotheistischen Religionen wie dem Christentum nur noch die Wahl zwischen „Gott" und dem „Teufel", zwischen „Himmel" und „Hölle", zwischen „Gut" und „Böse". Aus diesem dualen Bewußtsein heraus erwächst die Illusion der Menschen, daß alles im Leben in absolute Kategorien wie „gut" oder „böse" sowie „richtig" oder „falsch" usw. eingeordnet werden kann.

Nun hat die Wahrnehmung von Polaritäten durchaus ihren Sinn, denn aufgrund dieses Konzepts ist es möglich, Sinneseindrücke in einen Kontext einzuordnen. Wir wüßten beispielsweise nicht, was oben wäre, wenn es kein unten gäbe. Wir könnten uns nicht als liebevoll, ängstlich, charmant, humorvoll, traurig, verzweifelt oder was auch immer erfahren, wenn es keine konträren Gefühle und Erfahrungen gäbe. Nichtsdestotrotz ist Dualität ein Konzept, das nicht auf der Realität beruht, es ist nur eine Illusion. Tatsächlich sind alle sogenannten Gegensätze nur moralische Bewertungen oder subjektive Wahrnehmungen. Die Realität ist non-dual. Sie ist einfach wie sie ist. Alle Einteilungen werden lediglich von unserem Bewußtsein vorgenommen. Und wenn das Bewußtsein dual ist, wird auch die Wahrnehmung dual, wie ich im nächsten Kapitel noch weiter ausführen werde.

Selbst die scheinbar ewigen Gegensätze Materialismus und Idealismus sind keine wirklichen Gegensätze. Obwohl es keine materiell berührbaren Objekte sind, sind Bewußtsein oder Geist dennoch Teil des *materiellen* Universums. Es ist lediglich die Definition von „Materie“, die dem ganzheitlichen Verständnis hier im Weg steht.

Wenn man versteht, daß die Einteilung in duale Gegensätze nur ein Konzept ist, dann wird man unweigerlich zu dem Schluß kommen, daß es keineswegs das Ziel ist, „durch die Dunkelheit zum Licht“ zu gelangen, wie es die meisten Religionen und mystischen Konzepte lehren. Das ist nur Selbsttäuschung und führt zur Verleugnung des eigenen Anteils, der im Rahmen des Dualitätskonzepts als „dunkel“ bezeichnet wird. Die von den Menschen als „dunkel“ oder „negativ“ beschriebenen Anteile des Menschen müssen *nicht* überwunden oder gar eliminiert werden, sondern als natürlicher Teil akzeptiert und integriert werden.

Das vom Psychologen Carl Gustav Jung auch als Schatten bezeichnete Unterbewußte muß nicht überwunden, sondern bewußt angesehen, angenommen und integriert werden. Dunkelheit ist nicht „schlecht“, sondern nur der Teil von uns, den wir im Rahmen eines dualen Bewußtseins verdrängen und verleugnen. Der Weg zu einer ganzheitlichen Sichtweise des Lebens und zu einem freien Bewußtsein jedoch führt nur über die Überwindung des illusorischen Dualitätskonzepts.

Solange ein Mensch im Rahmen des dualen Konzeptes denkt, wird er stets diejenigen Gefühle und Anteile, die gemäß diesem Konzept als „schlecht“ oder auch als „böse“ gelten, unterdrücken und verdrängen, weil er in einem Konzept von „Gut“ und „Böse“ selbstredend zu den „Guten“ gehören möchte. Dies führt zur Projektion der verdrängten Persönlichkeitsanteile auf andere Menschen, die gemäß dem eigenen Verständnis zu den „Bösen“ gehören. Auf diese Weise entstehen nicht nur Feindbilder, sondern auch Kriege.

Eine verbreitete Ausprägung dualen Denkens und der daraus resultierenden Projektion in der heutigen Zeit stellt das sogenannte Gutmenschentum dar. Gutmenschen (nicht zu verwechseln mit „guten“ Menschen) zeichnen sich dadurch aus, daß sie ihr persönliches Glaubenssystem als das einzig wahre erachten, ihre Überzeugungen aber nicht einfach als individuelle und persönliche Meinung betrachten und als Informationen für andere Menschen anbieten, sondern aufgrund ihrer vermeintlichen moralischen Überlegenheit der Meinung sind, daß alle anderen Menschen das gleiche Glaubenssystem zu übernehmen haben, falls nötig durch staatliche Eingriffe sowie gesetzliche Vorgaben und Verbote.

Gutmenschen stellen ihre Forderungen gerne als „sozial“ dar und behaupten, es ginge ihnen um das Wohl der Gemeinschaft oder bestimmter Minderheiten, doch in Wirklichkeit sind es einfach nur Minderwertigkeitsgefühle (die dazu führen, daß das verarmte oder nicht vorhandene Selbstbewußtsein kompensatorisch überhöht und aufgebläht werden muß) und eine gehörige Portion Neid, welche Gutmenschen dazu bewegt, die Freiheit Andersdenkender einzuschränken, weil sie es einfach nicht ertragen können, daß Menschen mit anderen Überzeugungen ihr Leben frei und selbstbestimmt leben. Aus diesem Grund fordern sie auch, daß der Staat immer mehr Kontrolle ausübt und diejenigen einschränkt, die im System der Gutmenschen zu den „Bösen“ gehören, weil sie individuelles eigenverantwortliches Handeln ablehnen und statt dessen die Unterordnung des Individuums unter die imaginären Wünsche des Gemeinwohls fordern.

Was Gutmenschen nicht sehen und auch nicht sehen wollen ist die Konsequenz, daß sie, obwohl sie sich selbst als die „Guten“ sehen und ein klares Feindbild in Form des „Bösen“ haben, in ihren Forderungen und Methoden sogar wesentlich totalitärer sind als die von ihnen als „böse“ erachteten Feinde. Aus diesem Grund würde die katholische Kirche, gäbe man ihr erneut die Macht, die sie einst besaß, umgehend wieder die Inquisition aussenden, um Andersdenkende abzuholen, ebenso wie heutzutage politisch linksorientierte Menschen ihr Feindbild im politisch rechten

Spektrum haben und Andersdenkende, die nicht ihre Überzeugungen teilen, nur zu gerne verfolgen und einsperren würden.

Gutmenschen finden sich heutzutage quasi in allen Lebensbereichen: Veganer, die fleischessende Menschen als „unethisch" bezeichnen; Nichtraucher, die Rauchen am liebsten unter Strafe stellen würden; ja Menschen im allgemeinen, die es einfach nicht aushalten, wenn man eine andere Meinung hat als die von ihnen als die einzig wahre und politisch korrekt erachtete, und die sich moralisch entrüstet und empört geben, wenn man eine eigene, vor allem aber eine abweichende Meinung hat.

Gutmenschen sind diejenigen, die am lautesten nach mehr „Demokratie" schreien, aber gleichzeitig denjenigen keine Meinungsfreiheit zugestehen möchten, die eine abweichende Meinung vertreten.

Gutmenschen, um es klar zu sagen, sind Parasiten, die gerne alles in der Gesellschaft gleichgeschaltet haben möchten, weil sie selbst in keiner Weise produktiv, kreativ oder individuell schöpferisch sind. Aus diesem Neid heraus streben sie danach, diejenigen Menschen, die all das sind, auf ihr Niveau des Mittelmaßes und der Durchschnittlichkeit herunterzuziehen.

Aber der Verstand ist ein Merkmal des Individuums. Etwas, das man einen kollektiven Verstand nennen könnte, gibt es nicht. Der Mensch, der denkt, muß selbstständig denken und handeln. Der schöpferische Verstand wird behindert durch jegliche Form von Zwang. Er kann niemals den Bedürfnissen, den Ansichten, den Wünschen von Anderen unterworfen werden. Und er ist nichts, das aufgeopfert werden könnte. Der schöpferische Mensch fühlt sich seinem eigenen Urteil verpflichtet. Der Parasit schließt sich der Meinung anderer an. Der schöpferische Mensch denkt. Der Parasit imitiert. Der schöpferische Mensch produziert, der Parasit plündert. Dem schöpferischen Menschen geht es um den Sieg über die Natur. Dem Parasiten geht es um den Sieg über den Menschen. Der schöpferische Mensch benötigt Unabhängigkeit. Er ist weder Diener noch Herrscher. Sein Umgang mit anderen Menschen ist gekennzeichnet durch Freiwilligkeit. Der Parasit strebt nach Macht. Er will alle Menschen beherrschen und als Sklaven zusammenketten. Er behauptet, der Mensch sei nur ein Werkzeug im Dienste anderer. Daß er denken muß wie sie denken, handeln muß wie sie handeln. Und daß er in freudloser Knechtschaft für die Bedürfnisse anderer leben muß, nicht für seine.

Howard Roark, The Fountainhead

BEWUSSTSEIN

Die Menschen machen immer die Umstände
dafür verantwortlich, was sie sind.
Ich glaube nicht an Umstände.
Die Menschen, die vorangehen in dieser Welt,
sind stets jene, die sich aufmachen
und die Umstände suchen, die sie brauchen,
und diese schaffen, wenn sie sie nicht finden können.

George Bernard Shaw

Das Leben eines Menschen ist ein perfekter Spiegel seines Geistes. Nur ein chaotischer Geist produziert chaotische Umstände und zieht diese wie ein Magnet ins eigene Leben; nur ein klarer, souveräner und bewußter Geist bringt Struktur und Erfolge hervor. Die Erkenntnis oder das Ignorieren dieser fundamentalen Gesetzmäßigkeit bestimmt den Unterschied zwischen denen, die ihr Leben aktiv und kreativ gestalten und denen, die sich als Opfer der Umstände sehen.

Der Mechanismus, der unsere persönliche Realität erschafft, läuft in der Abfolge *Bewußtsein – Wahrnehmung – Realität* ab. Das Problem ist nur, daß er bei den meisten Menschen in dem Stadium beginnt, welches sie für *die* Realität halten bzw. welches ihnen als *die* Realität verkauft wird. Sie sehen Tag für Tag im Fernsehen die Nachrichten und lassen sich davon überzeugen, daß die Welt so aussieht, wie es dort dargestellt wird. Diese Überzeugung richtet ihr Bewußtsein darauf aus, was wiederum die Wahrnehmung dergestalt verändert, daß sie das *von außen* eingegebene Bild der Welt bestätigt. Behaltet diesen Mechanismus stets im Hinterkopf, bei allen Aspekten und gesellschaftlichen Bereichen, die in diesem Buch angesprochen werden.

Wie durchbricht man nun diesen Kreislauf? Indem man sein Bewußtsein verändert. Und wie macht man das? Indem man zunächst versteht, daß der vorgenannte Kreislauf eigentlich im Bewußtsein *beginnen* sollte, anstatt sich dieses nur fremdgesteuert programmieren zu lassen; und dann seinen Geist und seine Aufmerksamkeit nicht nach außen richtet und sich von dort Bilder aufdrücken läßt, sondern *nach innen*, und damit von reaktiver zu kreativer geistiger Tätigkeit umschaltet. Soll heißen: Man richtet seinen Geist bewußt auf diejenigen Dinge im Leben aus, die als wünschens- und erstrebenswert erachtet werden, woraufhin die Wahrnehmung so verändert wird, daß die produzierte Realität sich dem im Bewußtsein erschaffenen Bild annähert. Wenn man das konsequent und kontinuierlich durchzieht, kann man seine Realität erschaffen, anstatt sie nur als passiver Beobachter zu erleben.[7]

Das heißt nicht, daß es keine objektive Realität gibt, nur können wir sie nicht objektiv wahrnehmen. Um nebenbei einen alten Koan aufzulösen: Der Baum, der im Wald umfällt, wenn niemand dabei ist, verursacht zwar eine Veränderung der lokalen Schwingung in Form von Schallwellen, aber damit diese als Geräusch wahrgenommen werden können, bedarf es der Anwesenheit eines Lebewesens, das die Schwingung über ein Gehörorgan in Impulse überträgt, die im Gehirn als Geräusche wahrgenommen werden (oder eines Gerätes, welches die Schwingung auf dieser Frequenz in akustische Signale umwandeln kann).

Um das ganze in unsere Gesellschaft zu übertragen: Es finden ständig zahlreiche Dinge, Prozesse und Ereignisse statt, die jedoch von den meisten Menschen aufgrund ihres eingeschränkten und/oder manipulierten Bewußtseins nicht oder nur sehr verzerrt

---

[7] Ein hervorragendes Beispiel für den Prozeß der Bewußtseinsveränderung und der damit einhergehenden Änderung der Wahrnehmung und Realität ist der Film *Und täglich grüßt das Murmeltier*, weil hier immer derselbe Tag als Grundlage genommen wird, das Erleben dieses Tages aber gewaltigen Änderungen unterliegt, je nachdem wie sich das Bewußtsein des Hauptdarstellers verändert.

wahrgenommen werden. Das Bewußtsein der Menschen ist der Schlüssel, und wenn man die Menschen kontrollieren will, muß man ihr Bewußtsein manipulieren, was in unserer Gesellschaft durch ein komplexes System aus Medienpropaganda erreicht wird, wodurch künstliche Konstrukte wie die „öffentliche Meinung“ oder „Political correctness“ erschaffen werden, mit denen durch gezielte Lenkung der Wahrnehmung nicht nur die Meinung und das Konsumverhalten der Menschen beeinflußt wird, sondern sogar ihre Sprache und ihr Denken.

Mir ist bewußt, daß das sehr esoterisch klingt, obwohl es im Grunde nur die praktische Anwendung von Psychologie und Quantenphysik ist. Wir sollten uns jedoch vor allem darüber im Klaren sein, daß die Medien und die Industrie diese Mechanismen bestens verstehen und *gegen uns* verwenden, angefangen von der suggestiven und subliminalen Wirkung der verschiedensten Werbemedien bis hin zur aktiven Einschüchterung mittels angsteinflößender Nachrichten und Behauptungen, deren einziges Ziel die Kontrolle der Bevölkerung ist.

Tatsächlich ist der psychopolitische Großkörper, den wir Gesellschaft nennen, nichts anderes als eine von medial induzierten Streß-Themen in Schwingung versetzte Sorgengemeinschaft.

Peter Sloterdijk

In seinem Buch *Propaganda*[8] erklärt Edward L. Bernays, Neffe von Sigmund Freud und Vater der Public Relations, wie entsprechende Techniken gezielt eingesetzt werden, um das Verhalten und sogar das Denken von Millionen von Menschen zu beeinflussen:

Die bewußte und intelligente Manipulation der organisierten Gewohnheiten und Meinungen der Massen ist ein wichtiges Element der demokratischen Gesellschaft. Diejenigen, welche diesen un-

---

[8] Edward L. Bernays, *Propaganda*, New York 1928, Auszüge übers.v.A.

sichtbaren Mechanismus der Gesellschaft manipulieren, errichten eine unsichtbare Regierung, welche die wahre Macht des Landes darstellt. Wir werden regiert, unser Geist geformt, unser Geschmack gebildet, unsere Ideen beeinflußt, größtenteils von Menschen, von denen wir noch nie gehört haben. Dies ist die logische Folge der Art und Weise, auf welche unsere demokratische Gesellschaft organisiert ist. (S.9)

Ein bekanntes Beispiel ist das sogenannte Amerikanische Frühstück. Wenn ihr dachtet, es sei eine leicht exzentrische oder kuriose kulturelle Eigenheit der Amerikaner, Speck und Eier zum Frühstück zu essen, dann laßt euch gesagt sein: Es ist allein Bernays Bemühungen und einer gezielten Werbestrategie zu verdanken, die er im Auftrag einer Firma ins Leben gerufen hatte, die mehr Speck verkaufen wollte. Und das ist lediglich die Spitze des Eisbergs. Bernays hat nicht nur das Konzept des Kaufhauses erfunden, sondern auch das sogenannte Product Placement und die Verwendung von Hollywood-Filmen zur gezielten Beeinflussung und Formung der Menschen, ihrer Vorlieben, Geschmäcker und Gewohnheiten. Zu seinen Kunden zählten Firmen aus der Tabakbranche, dem Ernährungsbereich, dem Verkehrssektor sowie gigantische Medienkonzerne.

Welche Haltung man auch bezüglich dieses Zustands einzunehmen wählt, so bleibt es eine Tatsache, daß in fast jedem Bereich unseres täglichen Lebens, ob im Bereich der Politik oder des Geschäfts, unserem Sozialverhalten oder unserer Moralvorstellungen, wir von einer relativ geringen Anzahl von Personen beherrscht werden [...], welche die geistigen Prozesse und sozialen Muster der Massen verstehen. Sie sind es, die die Fäden ziehen, welche die öffentliche Meinung kontrollieren, die sich alte soziale Kräfte zunutze machen und neue Wege erdenken, um die Welt zu binden und zu führen. (S.9f.)

Eine Vielzahl der heutigen Alltagsweisheiten, also der Dinge, bei denen sich die Bevölkerung weitestgehend einig ist, sind durch gezielte Kampagnen und Propaganda bewußt entworfen und entsprechende „Wahrheiten“ entsprechend produziert und vermarktet worden, um die Interessen von Konzernen, Kartellen und Industrie in die Köpfe der Menschen zu implantieren. Fast alles, was ihr über Medizin und Krankheiten, Nahrungsmittel und Inhaltsstoffe, Tabak und Rauchen, Umweltverschmutzung, Treibstoffe oder auch das Image von Firmen, Behörden oder Berühmtheiten zu glauben meint, entspringt den Absichten und der darauf abgestimmten medialen Propaganda bestimmter Interessensgruppen, und nicht etwa unabhängiger Forschung.

In der gegenwärtigen Struktur der Gesellschaft ist diese Praxis unausweichlich. Was auch immer heutzutage getan wird und gesellschaftlich wichtig ist, sei es in der Politik, dem Finanzwesen, dem Handwerk, dem Agrarsektor, der Wohlfahrt, der Erziehung oder anderen Bereichen, muß mit Hilfe von Propaganda getan werden. Propaganda ist der ausführende Arm der unsichtbaren Regierung. (S.19f.)

Je verbreiteter eine Ansicht oder scheinbare Wahrheit ist, und je weniger sie von den Menschen hinterfragt wird, desto eher kann man davon ausgehen, daß es sich um eine manipulierte, um eine erschaffene „Wahrheit" handelt, und sollte diese im Umkehrschluß mit größtmöglicher Skepsis betrachten und in Frage stellen.

Moderne Propaganda ist das beständige, andauernde Bemühen, Ereignisse zu erschaffen oder zu formen, um die Beziehung der Öffentlichkeit bezüglich eines Vorhabens, einer Idee oder Gruppe zu beeinflussen. Diese Praktik, Umstände zu erschaffen und Bilder im Geist von Millionen von Menschen zu erzeugen, ist sehr gebräuchlich. Praktisch kein wichtiges Unterfangen wird ohne sie ausgeführt, ob es sich dabei um den Bau einer Kathedrale, die Ausstattung einer Universität, der Vermarktung eines Films, der Ausgabe einer großen Anleihe oder der Wahl eines Präsidenten handelt. (S.25)

Achtet in den Medien einmal gezielt darauf, wie bestimmte Entwicklungen und politische Bemühungen hinter Schlüsselereignissen versteckt und durch gezielte Manipulation mit gewissen

Schlagworten und voreingenommener Rhetorik Einfluß auf den emotionalen Bezug der Menschen zu einem Thema und das daraus entspringende Denken genommen wird. Die sogenannte öffentliche Meinung wird von wenigen Personen erschaffen und über die kontrollierten Medien mit der suggestiven Absicht verbreitet, daß sie repräsentativ wäre und der Wahrheit entsprechen würde. Beides ist nicht der Fall.

Kleine Gruppen von Menschen können, und tun dies auch, den Rest von uns bezüglich eines beliebigen Themas glauben lassen, was immer ihnen gefällt. (S.31)

Es gibt unsichtbare Herrscher, die das Schicksal von Millionen kontrollieren. Es wird im allgemeinen nicht erkannt, in welchem Ausmaß die Worte und Handlungen der einflußreichsten öffentlichen Personen von gerissenen Personen bestimmt werden, die hinter den Kulissen arbeiten. Noch, was sogar noch wichtiger ist, das Ausmaß, in welchem unsere Gedanken und Gewohnheiten von Obrigkeiten verändert werden. (S.35)

Alles, von dem ihr glaubt, daß es „normal" sei, und „Normen", an die ihr euch haltet, weil „man das eben so macht" oder weil „alle es so machen", ist das Ergebnis von gezielter Propaganda. Soll heißen, wer etwas nur deshalb denkt, glaubt oder tut, weil es „normal" ist, ist der geistige Sklave derjenigen, die sich diese angeblich für alle verbindlichen Maßstäbe ausgedacht haben. Eure Ansichten über Religion, euer Sexualverhalten, eure Eßgewohnheiten oder euer Krankheitsverständnis, um ein paar Beispiele zu nennen, sind zeitlich und räumlich begrenzte, subjektive und willkürliche Paradigmen, die nach und nach gezielt eingeführt wurden, um euer Denken und Handeln zu manipulieren und zu kontrollieren. Wäret ihr in einer anderen Kultur geboren, würdet ihr die dort vorherrschende Religion und die Sitten und Normen des Lebens ebenso ungefragt übernehmen und als „normal" erachten, obwohl sie in jedem Fall *von anderen* erdacht wurden.

Bernays Werk wurde nicht nur von Joseph Goebbels sehr geschätzt, sondern auch Adolf Hitlers Gedanken zum Thema Propaganda zeigen deutlich, daß er sowohl Bernays als auch Le Bon gelesen und verstanden hatte. Die praktische Umsetzung ist Geschichte.

Jede Propaganda hat volkstümlich zu sein und ihr geistiges Niveau einzustellen nach der Aufnahmefähigkeit des Beschränktesten unter denen, an die sie sich zu richten gedenkt. Damit wird ihre rein geistige Höhe um so tiefer zu stellen sein, je größer die zu erfassende Masse der Menschen sein soll. Handelt es sich aber, wie bei der Propaganda für die Durchhaltung eines Krieges, darum, ein ganzes Volk in ihren Wirkungsbereich zu ziehen, so kann die Vorsicht bei der Vermeidung zu hoher geistiger Voraussetzungen gar nicht groß genug sein. Je bescheidener dann ihr wissenschaftlicher Ballast ist, und je mehr sie ausschließlich auf das Fühlen der Masse Rücksicht nimmt, um so durchschlagender der Erfolg. Dieser aber ist der beste Beweis für die Richtigkeit oder Unrichtigkeit einer Propaganda und nicht die gelungene Befriedigung einiger Gelehrter oder ästhetischer Jünglinge. Gerade darin liegt die Kunst der Propaganda, daß sie, die gefühlsmäßige Vorstellungswelt der großen Masse begreifend, in psychologisch richtiger Form den Weg zur Aufmerksamkeit und weiter zum Herzen der breiten Masse findet. Daß dies von unseren Neunmalklugen nicht begriffen wird, beweist nur deren Denkfaulheit oder Einbildung. Versteht man aber die Notwendigkeit der Einstellung der Werbekunst der Propaganda auf die breite Masse, so ergibt sich weiter schon daraus folgende Lehre: Es ist falsch, der Propaganda die Vielseitigkeit etwa des wissenschaftlichen Unterrichts geben zu wollen. Die Aufnahmefähigkeit der großen Masse ist nur sehr beschränkt, das Verständnis klein, dafür jedoch die Vergeßlichkeit groß. Aus diesen Tatsachen heraus hat sich jede wirkungsvolle Propaganda auf nur sehr wenige Punkte zu beschränken und diese schlagwortartig so lange zu verwerten, bis auch bestimmt der Letzte unter einem solchen Worte das Gewollte sich vorzustellen vermag. Sowie man diesen Grundsatz opfert und vielseitig werden will, wird man die Wirkung zum Zerflattern bringen, da die Menge den gebotenen Stoff weder zu verdauen noch zu behalten vermag. Damit aber wird das Ergebnis wieder abgeschwächt und endlich aufgehoben.[9]

Adolf Hitler

Es ist ungemein wichtig zu verstehen, daß diese Art der Bevölkerungsmanipulation nicht eingestellt wurde, nachdem die Herrschaftszeit der Nationalsozialisten zu Ende war. Die gleichen Prinzipien werden nach wie vor angewendet und sind außerdem soweit verfeinert worden, daß es den Menschen in der Gesellschaft gar nicht mehr auffällt, daß sie manipulierte geistige Marionetten sind, die ihr Leben nach den Vorstellungen anderer ausrichten.

Es gab zu jeder Zeit Regierungen, die ihre Bürger auf vielfältige Weise unterdrückt haben, aber die Menschen in diesen Systemen wußten wenigstens, daß sie unterdrückt werden. Die heutige Gesellschaft ist seit langer Zeit auf so hinterhältige Art manipuliert und programmiert worden, daß die Menschen nicht einmal mehr merken, daß sie Sklaven einer Bewußtseinsdiktatur sind. Die unsinnigsten Dinge und die größten Lügen werden ganz selbstverständlich als wichtige Erkenntnisse und ewige Wahrheiten behandelt, weil die Menschen die Kontrolle über ihr Leben an externe Autoritäten abgegeben haben und daher widerstandslos glauben, was diese ihnen erzählen.

Die Regierung und das dahinter stehende Konglomerat von Industrie, Wirtschaft und Hochfinanz kann heute jede beliebige Geschichte als „Wahrheit“ verkaufen und auf diese Weise die Bevölkerung in jede gewünschte Richtung dirigieren. Und die Leute glauben all diese Lügen, weil sie sich nicht vorstellen können, daß ihre Regierung sie vorsätzlich belügt; weil sie denken, es muß ja stimmen, wenn „Wissenschaftler“ dies oder jenes herausgefunden haben oder „Experten“ sich bezüglich dieser oder jener Sache einig sind. Es mag sogar sein, daß die etablierte Wissenschaft und

---

[9] Adolf Hitler, *Mein Kampf*, Zentralverlag der NSDAP, München 1943, S.197f.

Forschung auf ihren eigenen Grundlagen subjektiv richtig erscheint, aber die zugrundeliegenden Axiome sind keine fundamentalen Wahrheiten, sondern Annahmen und Vermutungen, die irgendwann zum Konsens erhoben wurden, weil sie den herrschenden politischen und ökonomischen Interessen dienen.

Diejenigen, die diesen Konsens anzweifeln, hinterfragen oder Alternativen anbieten, werden als „Verschwörungstheoretiker" diffamiert oder als die „Bösen" bekämpft oder vernichtet, weil das gegenwärtige gesellschaftliche Paradigma noch immer auf dem althergebrachten judäo-christlichen Konzept von „Gut und Böse" basiert, dessen Symptome sich durch alle gesellschaftlichen Ebenen ziehen. In diesem System ist derjenige, der zu individuellem Denken, bewußtem Wahrnehmen und Hinterfragen des Status quo anregt, ein Ärgernis und eine Gefahr, weshalb die Gesellschaft vorsorglich mit Diffamierungskampagnen und verzerrten Darstellungen von imaginären Bedrohungen von Terrorismus, Katastrophen und Seuchen versorgt wird, die vom herrschenden System selbst erschaffen wurden, um von den eigentlichen Gefahren und der wahren Bedrohung abzulenken, nämlich der systematischen Versklavung des Geistes.

Je mehr Angst die Bevölkerung vor externen Gefahren hat, die ihnen gezielt und methodisch durch einseitige und gleichgeschaltete Medienpropaganda suggeriert wird, desto bereitwilliger wird sie immer mehr Kontrolle durch äußere Autoritäten akzeptieren, die ihnen als „Sicherheit" verkauft wird. Und diese Autoritäten, die sich selbst als die „Guten" sehen und bezeichnen, sind es, die sich des wirkungsvollsten und mächtigsten Mechanismus' und Instruments bedienen, den es in der menschlichen Natur und Psyche gibt: Angst.

Es ist daher unbedingt notwendig, *nichts* zu glauben, sondern *alle* Dinge zu hinterfragen und selbst zu überprüfen. Es ist für den Einzelnen von entscheidender Wichtigkeit, sich nicht durch Propaganda einschüchtern und in den Strudel der Angst hineinziehen zu lassen, die den Geist lähmt und den Körper krank macht. Laßt niemals zu, daß ihr von Angst beherrscht werdet!

Morpheus: Du fühlst es schon dein ganzes Leben lang,
daß mit der Welt etwas nicht stimmt.

Du weißt nicht was, aber es ist da.

Wie ein Splitter in deinem Kopf,
der dich verrückt macht. [...]

Es ist eine Scheinwelt, die man dir vorgaukelt
um dich von der Wahrheit abzulenken.

Neo: Welche Wahrheit?

Morpheus: Daß du ein Sklave bist, Neo.

Du wurdest wie alle in die Sklaverei geboren,
und lebst in einem Gefängnis,
das du weder anfassen noch riechen kannst.

Ein Gefängnis für deinen Verstand.

Morpheus und Neo, Matrix

FREIHEIT

Freiheit ist immer die Freiheit des Andersdenkenden.

Rosa Luxemburg

Einige von euch werden sich vielleicht fragen, worum es mir eigentlich geht. Die Antwort lautet: Freiheit. Die Freiheit, zu sein, wer man wirklich ist. Die Freiheit zu tun, was man wirklich tun möchte. Denn Freiheit ist das höchste Gut, die oberste Priorität, die Basis für alles andere im Leben. Das umfaßt auch die Freiheit, sich auszuprobieren, sich zu entdecken; die Freiheit, zu versagen und gelegentlich auch zu straucheln. Wo endet diese Freiheit? – Ganz einfach. Sie endet dort, wo die Freiheit des Anderen beginnt. „Freiheit ist immer die Freiheit des Andersdenkenden." – Das ist die einzige Möglichkeit, der einzige Weg, wie eine Gesellschaft entstehen kann, in der *jeder* Mensch frei sein kann, ohne dabei die Freiheit der anderen einzuschränken.

Damit echte Freiheit erreicht werden kann, muß jedem Menschen das Recht zugestanden werden, über sich und seinen Körper frei zu bestimmen, denn ohne Selbstbestimmung wäre Freiheit nur eine Illusion. Wer meine körperliche Gesundheit bedroht, sei es in Form eines Angriffs oder einer Zwangsimpfung, ist mein erklärter Feind, weil er meine Selbstbestimmung und damit meine Freiheit einschränkt.

Ich werde weder eure Lehren noch eure Überzeugungen angreifen, solange sie mir Freiheit zugestehen. Wenn sie Denken für gefährlich erachten – wenn sie behaupten, Denken sei ein Verbrechen, dann werde ich sie allesamt bekämpfen, weil sie den Geist der Menschen versklaven.

Robert G. Ingersoll

In 1984, it's not far away,
and if you don't watch out,
you gonna have to pay.

Programmed into a computer,
this is gonna be your future,
watch by night and day.
Livin' in a police state.
Can't escape.

They know what you write,
they know what you read,
so get up and fight,
before it's too late.

Can't escape from police regulation,
can't escape from government legislation,
can't escape from mental demolition,
can't escape.

No escape for the anarchist,
no escape for the atheist,
no escape for the communist,
no escape.

So get on your feet,
and start to fight,
cause you know we are
standing by your side.

If you want to change your future,
you got to take your present now.
So get out of your stupor,
cause if you don't you're gonna howl.
No escape.

No escape – PVC (1977)

Ich will keine vorgekaute und politisch korrekte Schulbildung. Ich will die Freiheit haben, mir selbst ein Bild zu machen, nachdem ich alle Informationen erhalten habe. Deshalb will ich auch freien Zugang zu allen Informationen, nicht nur die, von denen man mir zutraut, daß ich sie verstehe oder bewältigen kann. Ich will selbst entscheiden, welche Bücher mir gefallen und welche Quellen mir wichtig sind.

Ich will die Propaganda, die sich „Nachrichten" nennt, nicht sehen. Es interessiert mich nicht, welche Meinung gerade „politisch korrekt" ist, und auf welchen Konsens man sich geeinigt hat. Ich nehme mir die Freiheit heraus, mir selbst ein Bild von der Welt zu machen, ohne daß mir von morgens bis abends suggeriert wird, was mich zu interessieren hat und wovor ich Angst haben sollte. Ich will mir auch nicht vorschreiben lassen, welche Art der Sprache oder welche Worte ich verwenden darf, um dem gerade vorherrschenden kollektiven Umerziehungszeitgeist zu entsprechen.

Ich will keine pharmazeutischen Produkte nehmen, damit es mir „besser" geht, sondern mein gesamtes emotionales Spektrum in Freiheit ausleben. Ich will nicht zu Vorsorgeuntersuchungen gehen, um mir irgend eine erfundene „Krankheit" andiagnostizieren zu lassen. Und ich will nicht mit Gift vollgepumpt werden, um mich vor biologischen Prozessen zu „schützen", die man als „Krankheiten" bezeichnet, nur weil man sie nicht versteht.

Diese Art von Hilfe und Bevormundung will ich nicht. In keinem Bereich meines Lebens. Ich will selbst entscheiden, wie ich leben möchte. Ich will selbst entscheiden, was *für mich* richtig und falsch ist. Und wenn ich etwas nicht kann oder nicht weiß, dann will ich die Freiheit haben, es selbst zu lernen.

Und genau an dieser Stelle liegt das große Problem der heutigen Gesellschaft. Auf der einen Seite besteht die Ansicht bei denjenigen mit Macht und Einfluß, daß die meisten Menschen mit zu viel Freiheit nichts anfangen können und daher gesagt bekommen sollten, was für sie wichtig und maßgeblich im Leben sein sollte, und auf der anderen Seite gibt es tatsächlich zahlreiche Menschen, die es sich in diesem System bequem gemacht haben, das ihnen genau sagt, welche Kleidung und Frisur sie tragen, welche Nahrungsmittel sie essen und welche Produkte sie kaufen sollen, um glücklich zu sein, dazuzugehören und alles richtig zu machen.

Anders als in Kulturen, die wir gerne als primitiv bezeichnen, werden die Menschen in unserer Gesellschaft seit langer Zeit schon nicht mehr wirklich erwachsen, weil sie in der Pubertät und Jugend nicht lernen, mit Angst konstruktiv umzugehen und sie zu überwinden. Aus diesem Grund werden sie im Gegenteil ihr Leben lang weiterhin von Angst kontrolliert, so daß sie vom System einfach zu manipulieren sind. Bei Menschen, die ihr Leben von Angst bestimmen lassen, muß man nur die richtigen „Knöpfe" drücken, also gezielt bestimmte emotionale Auslöser ansprechen, um sie zu den gewünschten Reaktionen zu bewegen.

Tief in ihrem Inneren spüren die Menschen, daß die Gesellschaft, in der sie leben, nicht das ist, was sie eigentlich wollen, aber da sie es nicht anders kennen und in der Regel auch nicht hinterfragen, und das System ihnen außerdem nicht nur ständig das Gefühl suggeriert, daß es keine Alternativen gibt, sondern daß im Gegenteil alles wunderbar ist, besteht der einzige Ausweg darin, die eigentlich kranken Umstände als „normal" zu akzeptieren und sich daran anzupassen. Das Ergebnis ist eine Gesellschaft von Menschen, die immer mehr neurotische Verhaltensmuster entwickeln, um in der kranken Gesellschaft nicht aufzufallen und mit ihr konform zu gehen. Diese Krankheit der zivilisierten Gesellschaft ist unter verschiedenen Begriffen benannt und beschrieben worden: Kollektive Neurose (Erich Fromm), Gesellschaftsneurose (Hermann Oberth), Menschheitsneurose (Sigmund Freud), Normalneurose (Hans J. Eysenck), Krankheit der Gesellschaft (Wilhelm Kütemeyer), Neurotische oder Emotionale Pest (Wilhelm Reich) usw.

Was Licht für die Augen ist, was Luft für die Lungen ist, was Liebe für das Herz ist, ist Freiheit für die Seele des Menschen.

Robert G. Ingersoll

Im Leben eines Menschen werden im Idealfall im Laufe seiner Entwicklung immer weniger Gesetze und von außen auferlegte Regeln nötig sein, weil der Mensch – wenn man ihn läßt – reifer wird und aufgrund von Erfahrungen sein Handeln besser einschätzen und verantworten kann. Da aber in der Gesellschaft immer neue Elemente nachrücken, die als Grund für weitere gesetzliche Einschränkungen herhalten müssen, wird allen anderen durch die schrittweise Einschränkung der Freiheit und der damit einhergehenden Möglichkeiten, eigene Erfahrungen zu machen, jede Form der Entwicklung und Reifung von vornherein verwehrt, was auf lange Sicht zu einer Infantilisierung der Gesellschaft und einem Staat führt, der als großer Bruder überwacht, daß auch ja niemand dem gesellschaftlichen Kindergarten entfliehen kann, anstatt seiner eigentlichen Aufgabe nachzukommen, nämlich die Interessen der Bürger und des Volkes zu vertreten und deren Freiheit und Entwicklung zu sichern. Man verkauft uns jeden Tag immer mehr Kontrolle und Überwachung als angebliche Notwendigkeit für unsere Sicherheit.

Das System sucht sich die Extreme der verschiedenen gesellschaftlichen Bereiche heraus und verabschiedet Gesetze für das Volk, die sich an der Unfähigkeit oder Dummheit dieser Extreme orientiert. Auf diese Weise muß sich der Großteil der Bevölkerung an den dümmsten und unreifsten Elementen der Gesellschaft orientieren, weil das System meint, diese vor sich selbst beschützen und dafür die Freiheit aller anderen immer weiter einschränken zu müssen. Auf diese Weise wird aus einer Demokratie nach und nach ein totalitärer Staat.

Es gibt natürlich noch andere Kontrollmechanismen innerhalb dieses Systems. Eines davon ist Religion, in unserer Gesellschaft das Christentum, welches seit der Zwangschristianisierung durch die Römer die vorherrschende Religion ist, obwohl sie eigentlich auf der Verehrung einer antiken, lokalen hebräischen Wüsten- und Stammesgottheit (Jahwe) basiert, die mit der Kultur und Vergangenheit der westlichen Gesellschaft, insbesondere der deutschen, überhaupt nichts zu tun hat. Unsere Wurzeln, wenn wir denn einmal das Argument der kulturellen Tradition bemühen wollen, sind nordisch-teutonisch, und sicher nicht „christlich-abendländisch“ (was ein Widerspruch in sich ist), wie es von einer aus Ostdeutschland stammenden Politikerin formuliert wurde, was sich schon allein dadurch zeigt, daß sämtliche angeblich christlichen Feste und Feiertage auf heidnisch-naturreligiösen Jahresfesten basieren, die von der christlichen Kirche etwas abgewandelt und übernommen wurden.

Nachdem die Nationalsozialisten von 1933 bis 1945, also insgesamt zwölf Jahre an der Macht waren, sind deren Symbole und Insignien, wie das Sonnenrad oder Hakenkreuz und verschiedene Runen, in Deutschland verboten worden. Folgt man dieser Logik, so müßte das christliche Kreuz schon lange als *das* Zeichen des „Bösen“ an sich verboten sein, denn die Vertreter des Christentums haben seit 2.000 Jahren die ihrer Ansicht nach Ungläubigen und Ketzer verfolgt, gequält, gefoltert, eingekerkert und verbrannt. Millionen von Menschen wurden im Namen des Kreuzes ermordet, weil sie gegen die Doktrinen der Kirche verstießen, abweichende Ansichten vertraten oder verbotenes Wissen besaßen.

Es ist mir ein absolutes Rätsel, warum die Menschen angesichts der Vergangenheit der christlichen Organisationen und Kirchen, die den Nationalsozialisten in Sachen Unmenschlichkeit und Grausamkeit in nichts nachstehen, diesen immer noch so viel Macht in ihrem Leben einräumen und das Knie vor ihnen beugen. Man sollte doch meinen, daß die Menschen froh wären, daß sie nicht mehr verfolgt werden, wenn sie selbst entscheiden, was sie glauben und welche Ansichten sie vertreten. Wenn die christlichen Kirchen heutzutage noch immer die Macht über die Bevölkerung hätten, die sie einst besaßen, würden die Schergen der Inquisition noch immer die Andersdenkenden, die Zweifler, die Ungläubigen und Ketzer nachts aus ihren Betten zerren und in ihre Folterkammern und Kerker verschleppen, um sie dort zu quälen und zu ermorden. Müßten die Handlanger dieser Organisationen nicht eigentlich aus den Städten und Dörfern gejagt werden und die unzähligen Kirchen dem Erdboden gleichgemacht oder für sinnvollere Zwecke verwendet werden?

Der Grund, warum dies nicht passiert, ist der, daß das Christentum eines der effektivsten und bewährtesten Kontrollmechanismen unserer Gesellschaft darstellt. Menschen, die aus moralischen Gründen Angst haben, eigene Entscheidungen zu treffen, weil sie ansonsten gegen die Regeln ihres projizierten jungianischen Gedankenkonstruktes namens „Gott“ verstoßen würden, sind geistige Sklaven und damit leicht kontrollierbar. Jemand, der argumentiert, daß er bestimmte Dinge nicht tun darf, weil „seine Religion das verbietet“ und dennoch Anhänger dieser Religion bleibt, zeigt ja auch deutlich seine geistige Abhängigkeit und Unfreiheit. Doch des Irrsinns nicht genug, lassen sich die Menschen von den Vertretern des Christentums auch noch Ratschläge in Sachen Moral und Menschlichkeit geben, was ungefähr so ist, als wenn heutzutage Nazis über Toleranz gegenüber Juden, Zigeunern und Behinderten predigen würden.

Seid euch darüber im klaren, daß Moral stets eine subjektive Sichtweise darüber ist, was „richtig“ und „falsch“ ist, und daher niemals allgemeingültig sein kann. Werte sind wandelbar und nicht nur zu jeder Zeit und in jedem Land anders, sondern auch innerhalb einer Gesellschaft nicht für jeden Menschen gleich.

Die Erkenntnis, daß es keine allgemeingültigen Werte und vor allem keinen übergeordneten Sinn im Leben gibt, führt zur notwendigen Übergangsphase des Nihilismus, auf dessen Grundlage die geistige Freiheit erwachsen kann, daß man seine Werte und seinen Sinn im Leben selbst bestimmen und festlegen kann. Die Phase des Nihilismus kann bei verschiedenen Individuen unterschiedlich lange und intensiv ausfallen, zu tiefen emotionalen Krisen, aber auch zu tiefgreifenden Erkenntnissen führen, damit sich das Individuum anschließend wie der Phönix aus seiner geistigen Asche erhebt und sein Leben selbstbestimmt, ohne Abhängigkeiten und zum ersten Mal in völliger geistiger Freiheit in die Hand nimmt.[10]

---

[10] Wer wissen möchte, wohin es führen würde, wenn Menschen im Nihilismus steckenbleiben, ja ihn *kultivieren*, der sollte Bücher des Autors Stiff Chainey lesen.

Eine weitere Möglichkeit, die Freiheit der Menschen in der Gesellschaft zu erweitern bzw. eine Grundlage zu schaffen, auf der ein Leben in Freiheit und Selbstbestimmung und vor allem ohne größere existentielle Ängste möglich ist, wäre das sogenannte Bedingungslose Grundeinkommen. Die Idee dahinter ist, daß jedem Bürger von Geburt bis zum Tod monatlich eine Art „Bürgergehalt“ zur Verfügung gestellt würde, um die existentielle Grundsicherung aller Menschen in der Gesellschaft zu gewährleisten.

„Warum sollte der Staat Geld verschenken?“ – Wer so argumentiert, hat vergessen oder nicht verstanden, daß „der Staat“ kein eigenständiges, unabhängiges und vor allem kein feindliches Gebilde ist, obwohl es heutzutage den Anschein macht, sondern eigentlich eine gewisse Anzahl vom Volk bestimmter Vertreter, welche die Interessen des Volkes und seiner Bürger vertreten sollen. Nicht der Staat ist es, der das Geld „verschenkt“, sondern die Bürger, die den Staat bilden, gestehen sich selbst ein Grundeinkommen zu. Alle Politiker beziehen dieses Grundeinkommen übrigens in Form von Diäten, ohne daß bestimmte Bedingungen daran geknüpft werden, damit sie sich ohne Leistungsdruck auf ihre Aufgaben konzentrieren können. Warum sollte sich ein Volk nicht das gleiche Recht und die damit verbundene Freiheit zugestehen, ohne Leistungsdruck so zu leben, wie es der einzelne möchte?

Gleichermaßen könnte man fragen, warum der Staat den Bürgern das Recht auf körperliche Unversehrtheit, freie Meinungsäußerung, Unverletzlichkeit der Wohnung, etc. zugestehen sollte. Das ist ein Unterschied, denken Sie? Das sind doch Grundrechte des Menschen! – Erzählen Sie das mal den Menschen, die in den zahlreichen Staaten auf der Erde leben, die diese „Grundrechte“ nicht genießen. Das liegt daran, daß es keine angeborenen oder anderweitig einem Menschen grundsätzlich zustehenden Rechte gibt. Das ist keine ideologische Aussage, sondern schlicht die Realität. Ein Mensch hat exakt die Rechte, die er vom Staat zugestanden bekommt. Nicht mehr und nicht weniger. In einer echten Demokratie würde „der Staat“ tatsächlich das Selbstverständnis haben, die Rechte der Bürger zu vertreten und zu erweitern. Ein totalitärer Staat, egal mit welchem Systemnamen er sich gerade bezeichnet, zeichnet sich dadurch aus, daß er die Rechte der Bürger immer weiter einschränkt, weil er sich als über den Bürgern stehend erachtet und sein Selbstverständnis sich nur auf Machtausübung beschränkt.

Können Sie sich die Freiheit einer Gesellschaft vorstellen, in der niemand mehr dazu gezwungen ist, eine Arbeit oder einen Job zu verrichten, der ihm keine Freude bereitet? Natürlich würde das die Gesellschaft und insbesondere den Arbeitsmarkt tiefgreifend verändern. „Niemand würde mehr arbeiten", argumentiert man. „Es gibt nicht genug Arbeit und Jobs", heißt es, und die meisten politischen Parteien geben Vollbeschäftigung oder zumindest Senkung der Arbeitslosenzahlen als erklärtes Ziel an. Doch im Gegenteil gibt es viel zu viel Arbeit, nämlich unnötige und unsinnige Arbeit, die lediglich dem Selbstzweck und dem Profit einiger weniger dient.

Es gibt unzählige unnütze Dinge, die produziert werden, um Profit zu machen, die aber niemand wirklich braucht, und bei deren Herstellung Millionen Menschen beteiligt sind und dies nur aus dem einzigen Grund heraus tun, weil sie Geld verdienen müssen, um ihren Lebensunterhalt zu bestreiten, um zu überleben und sich und ihre Familie ernähren zu können. Millionenfache Produktivität zu sinnloser Arbeit gezwungen.

Sieht man näher zu, so zeigt sich, daß das freigesetzte Subjekt nie dauerhaft auf dem Standpunkt der Unerreichbarkeit durch das Reale verharrt. Sobald es seine Freiheit entdeckt, entdeckt es zugleich in sich eine nahezu grenzenlose Erreichbarkeit für Anrufe aus dem Realen. [...] Es ... stellt sich dem Arbeitsmarkt des Wirklichen zur Verfügung, jenseits von willig und widerwillig. Ich denke, diese Wendung zur Selbstbelastung nach der Entlastung ist das, was Jean-Paul Sartre mit dem Begriff Engagement bezeichnet hat. Ein Engagement ist, was ein arbeitsloser Schauspieler erwartet. Das freie Subjekt erwartet es nicht bloß, es geht darauf zu. Sein Engagement entspringt weder einem Ausdrucksbedürfnis noch einem Trieb, weder einer Neurose noch einem Mangel, es ist eine Konsequenz der Freiheitserfahrung. [...]

Sollte es je zu einer intellektuellen Regeneration des politischen Liberalismus kommen, sie müßte von der Erkenntnis ausgehen, daß Menschen nicht nur habenwollende, giergetriebene, süchtige und brauchende Wesen sind, die freie Bahn für ihre Mangelgefühle und ihren Machthunger fordern. Sie tragen ebenso das Potential zu gebenwollendem, großzügigem und souveränem Verhalten in sich.[11]

Peter Sloterdijk

[11] Peter Sloterdijk, *Streß und Freiheit*, Suhrkamp, Berlin 2011, S.56ff.

AUSBLICK

Milliarden Menschen leben einfach vor sich hin;
und haben keine Ahnung.

Agent Smith, Matrix

Ihr habt keine Ahnung, was auf euch zukommt. Jedenfalls die meisten von euch. Ich sage das, weil die wenigsten Menschen sich meiner Erfahrung nach darüber Gedanken machen. Sie glauben, es würde alles im Leben immer so weiter gehen wie bisher. Sie glauben daran, daß ihr angelegtes Geld sicher ist, daß sie später mal eine Rente vom Staat bekommen und daß „die da oben" das schon irgendwie hinbekommen. Sie glauben, daß die „Wissenschaft" irgendwann die Wunderpille gegen alles erfinden und mit Gentechnik der Welthunger beendet werden kann. Das sind die Leute, die ihren Stecker noch in der Matrix haben und damit im Grunde genommen ein Teil davon sind. Deshalb verteidigen sie ihre Glaubenssätze auch bis aufs Blut.

Du mußt verstehen, die meisten Menschen sind noch nicht bereit dafür, abgekoppelt zu werden. Und viele von ihnen sind so träge, so hoffnungslos abhängig vom System, daß sie auch kämpfen werden, um es zu verteidigen.

Morpheus, Matrix

Auf Basis der bislang geschilderten Umstände, die vom System erschaffen wurden, und des pseudo-wissenschaftlichen Lügengebäudes, das man über Jahrzehnte mit Hilfe politischer Marionetten und Medienpropaganda systematisch ins Bewußtsein der Menschen implantiert hat, wird die Gesellschaft Stück für Stück zu einem totalitären Überwachungsstaat ausgebaut, in dem euch langsam aber sicher immer mehr Kontrolle und immer weniger Freiheit als notwendig für eure Sicherheit verkauft werden wird.

Jeder Schritt, jede Neuerung auf dem Weg in diese schöne neue Welt wird als Fortschritt und Verbesserung, ja als grandiose Innovation eingeführt, und sollte einmal eine Neuerung nicht akzeptiert werden, wird man neue Bedrohungen und Feindbilder einführen, und notfalls auch Katastrophen inszenieren, so lange, bis auch der letzte Bürger danach verlangt, im der Obhut des großen Bruders in Sicherheit leben zu dürfen.

Die Leute stehen auf technische Spielereien und darauf, immer auf dem neuesten Stand zu sein, weshalb die ständigen Innovationen im Bereich der Technologie mehr und mehr Einzug in die private Unterhaltungselektronik und Telekommunikation halten. Auf diese Weise kaufen die Leute mit den neuesten Modellen ihrer Mobiltelefone gleichzeitig genau die Instrumente, mit denen sie noch besser überwacht und kontrolliert werden können. Das ist aus Sicht des Systems auch viel geschickter, als den Menschen irgend etwas aufzuzwingen, denn Sklaven, die sich frei fühlen und nicht merken, daß sie Sklaven sind, sind am einfachsten zu kontrollieren. Wenn man die richtigen Verkaufsstrategien hat, kann man den Menschen beinahe alles verkaufen, und nachdem irgendwann die verschiedenen Kreditkarten und Ausweise in einer einzigen Karte zusammengefaßt werden, ist es kein weiter Weg mehr zum RFID-Chip-Implantat, auf dem sowohl alle Daten als auch das persönliche Vermögen des Trägers gespeichert sind, denn Bargeld wird in naher Zukunft als zu unsicher deklariert und abgeschafft werden.

Die aus diesen Entwicklungen entstehende Gesellschaft bedarf eines hohen Maßes an ständiger Kontrolle und Überwachung sowie ggf. das regulierende Eingreifen von exekutiven Polizeikräften. Nun ist es auch im gegenwärtigen System durchaus erforderlich, daß es eine staatliche Kraft gibt, die für die Sicherheit und den Schutz der Bürger zuständig ist und dafür sorgt, daß die Menschen in der Gesellschaft vor kriminellen Elementen geschützt werden. In dem Moment jedoch, in dem Gesetze nicht mehr länger dem Schutz der Bürger und der Aufrechterhaltung einer Ordnung dienen, in dem die Menschen sich frei bewegen und entfalten, können, sondern der Staat sich hauptsächlich und in erster

Linie *gegen* die Bürger richtet, deren Interessen er eigentlich vertreten sollte, um ausschließlich die Interessen des totalitären Systems zu schützen, wird der Polizist zum Instrument der Unterdrückung, zum Handlanger der Diktatur und zum Verräter am Volk.

Doch das Prinzip gilt nicht nur für Polizisten. Irgendwann wird jeder Mensch an einen Punkt kommen, an dem er sich selbst fragen muß, ob er das System weiter unterstützen möchte. Es gibt unzählige Menschen in zahlreichen Berufen, denen sicherlich bewußt ist, daß sie ein krankes System unterstützen, die aber aus Angst vor finanziellem Verlust oder sozialen Problemen lieber gute Miene zum bösen Spiel machen.

Ebenso wie jeder Mensch für sein Leben und seine erlebte Realität aufgrund seines Bewußtseins verantwortlich ist, funktioniert der gleiche Mechanismus auch auf der gesamtgesellschaftlichen Ebene. Das kollektive Bewußtsein innerhalb einer Gesellschaft bestimmt darüber, wie die Gesellschaft als solche beschaffen ist und wohin sie steuert. Ob also das System die Menschen noch lange beherrschen und unterdrücken wird, oder ob es bereits in naher Zukunft zu einem revolutionären Umschwung innerhalb der Gesellschaft kommt, und vor allem, wie es dann weitergeht, liegt allein an den Menschen innerhalb der Gesellschaft und ihrem Bewußtsein.

In seinem Buch *Die Post-Kollaps-Gesellschaft* beschreibt der Autor Johannes Heimrath, der bereits mit dem Titel seines Buches zeigt, daß er den Zusammenbruch des gegenwärtigen Gesellschaftssystems für unvermeidlich hält, drei aus seiner Sicht mögliche Szenarien, wie sich die Gesellschaft in der nahen Zukunft verändern wird.

Szenario 1 beschreibt einen rapiden Zusammenbruch des Systems: *„Vermögende Eliten sichern mit Privatarmeen ihr eigenes Überleben und unterhalten abgeschottete Hightech-Inseln, um Mittel zur ständigen Kompensation der ökologischen Bedrohung durch eine ausgeplünderte Erde sicherzustellen. Es gibt keine öf-*

fentliche Ordnung und keine Möglichkeit zur Selbstorganisation der Zivilgesellschaft mehr.“[12] In diesem Szenario geht Heimrath davon aus, *„daß der Kollaps in mehreren Stufen rasch bis zu einem Tiefpunkt durchschlägt, der irreversible Beeinträchtigungen der natürlichen Mitwelt und einen massiven Verlust an bürgerlicher Infrastruktur zur Folge hat.“*[13]

Szenario 2 stellt einen quälend langsamen Niedergang der (Industrie-)Gesellschaften dar, die durch zunehmende Reparaturaufgaben ökonomisch und sozial ausbluten.[14] Dieses Szenario endet im Grunde genommen auch dort, wo Szenario 1 endet, mit dem Unterschied, daß sämtliche Versuche, das Unaufhaltsame aufzuhalten, den Prozeß verlangsamen und in die Länge ziehen. Dazu zählen Währungs- und Bankenrettungen, Umstieg auf erneuerbare Energien, grüner Konsum und andere Maßnahmen, die, so gut sie zum Teil gemeint sind, im Grunde genommen nur eine Symptomtherapie des kranken Systems darstellen.

Szenario 3, welches Heimrath für am unwahrscheinlichsten hält, skizziert eine *„Gesellschaftsform des Gemeinsamen, des Füreinanders, der Achtung und des Respekts vor allem, was da ist.“* [15], gibt sich aber idealistisch, indem er schreibt: *„In der karthatischen Phase des Zusammenbruchs, der Krise, hat die Menschheit – bei solider Vorbereitung! – die einmalige Chance zur bewußten gemeinsamen (R)Evolution in eine vollständig andere, nachhaltig gute, lebensfördernde und enkeltaugliche Welt hinein.“*[16]

---

[12] Heimrath, Johannes, *Die Post-Kollaps-Gesellschaft*, Scorpio Verlag, Berlin 2012, S.90f.
[13] ebenda, S.118
[14] ebenda, S.91
[15] ebenda, S.150
[16] ebenda S.90

UMSETZUNG

Open your eyes, open your mind,
proud like a god don't pretend to be blind,
trapped in yourself, break out instead,
beat the machine that works in your head.

Guano Apes

Viele von euch werden sich sicherlich fragen: Was kann ich denn schon tun? Was kann ein Einzelner denn überhaupt in diesem System bewirken? Dazu müßt ihr zunächst verstehen, daß man andere Menschen nicht ändern kann. Wenn man die Welt, oder zumindest seine eigene Welt verändern will, dann muß man bei sich selbst anfangen. Es geht also gar nicht um die anderen, sondern um euch selbst. Es geht darum, wie *ihr* damit umgeht, wenn ihr einmal erkannt habt, wie das System funktioniert. Ihr sollt nicht losziehen und die Welt retten, oder missionieren und versuchen, die anderen von irgend etwas zu überzeugen. Es geht nur darum, wie ihr euer Leben gestaltet, um kein Opfer des Systems zu werden. Und wenn ihr euer Leben verändert oder anfangt, anders zu leben als die Menschen um euch herum, dann werden diejenigen, die sich wirklich für euch interessieren, das auch bemerken.

Wie ihr hoffentlich verstanden habt, steht und fällt alles im Leben mit dem Bewußtsein. Es ist also unabdingbar, daß ihr euch bewußt macht, daß die Welt nicht so ist, wie man euch erzählt, und daß die Dinge, auf die man eure Wahrnehmung ausrichten möchte, euch davon abhalten sollen, das Gesamtbild zu sehen. Werdet euch darüber klar, daß etwas nicht unbedingt der Wahrheit entspricht, nur weil ihr es in der Schule so gelernt oder im Fernsehen erzählt bekommen habt, oder auch nur, weil die meisten Menschen es glauben. Es ist von größter Wichtigkeit, selbständig zu denken und die Dinge zu hinterfragen, anstatt einfach etwas zu glauben.

Eine hilfreiche Methode besteht darin, Fragen zu stellen. Also stellt Fragen. Stellt unbequeme Fragen. Und vor allem, stellt die richtigen Fragen! Ist etwas wirklich „normal“, nur weil es alle so machen? Gibt es wirklich keine Alternativen zu einer bestimmten Ansicht? Ist diese oder jene Sache oder Ansicht wirklich sinnvoll? Oder nützt sie einfach nur jemandem? Und wem nützt sie?

Wenn ihr erkannt habt, daß ihr nicht so weiterleben möchtet, wie bisher, dann seid konsequent. Fangt an, euer Leben zu ändern. Nicht irgendwann, nicht nächste Woche. Jetzt! Sofort!

Hört auf, bei Dingen mitzumachen, die für euch keinen Sinn ergeben. Hört auf, Dinge zu kaufen, nur weil es alle anderen auch tun. Hört auf, Dinge zu tun, weil es alle anderen auch tun.

Schafft euren Fernseher ab! Laßt nicht länger zu, daß man euer Bewußtsein weiterhin mit Lügen, Angst, Manipulation und Propaganda füttert.

Beschafft euch bei allen Themen stets Informationen aus mehreren Quellen, die nicht vom System kontrolliert werden, also von unabhängigen Internet-Sendern, von kleineren Verlagen, die nicht von großen Verlagshäusern kontrolliert werden, sowie aus Original- und Primärliteratur, die nicht von den Wächtern des Systems zensiert, gekürzt, verändert, verfälscht oder verzerrt wurde und in weißgewaschenen Hochglanzausgaben für die ganze Familie zum Sonderpreis verschleudert wird.

Think global, act local. Das heißt konkret, daß ihr das Gesamtbild im Hinterkopf behaltet, während ihr in eurem Leben und in eurer unmittelbaren Umgebung die Dinge umsetzt, die ihr für richtig haltet.

Nahrungsmittel solltet ihr entweder aus der Selbstversorgung beziehen, also im Idealfall aus dem eigenen Garten, oder zumindest zum Großteil in Form von reinen und frischen Produkte, und dies auch bevorzugt aus lokaler Erzeugung. Es interessiert die großen Konzerne zwar nicht wirklich, wenn ein paar Tausende Andersdenkende sie boykottieren, aber zumindest im lokalen Bereich können ein paar Leute mit ihrem Einkaufsverhalten durchaus Einfluß auf das Sortiment eines kleinen Ladens haben.

Es ist meines Erachtens kein Problem, wenn man zwischendurch mal ein Fast-Food-Gericht ißt, auch mal etwas sehr Süßes oder Fettiges zu sich nimmt, oder sogar die Mikrowelle zum Aufwärmen verwendet, solange das wirklich nur ab und zu der Fall ist. Problematisch wird es, wenn man diese Dinge regelmäßig macht, weil einseitige oder ungesunde Ernährung dem Körper auf Dauer schadet. Im Hinblick auf das Bewußtsein halte ich es für insgesamt gesünder, wenn man bewußt und gezielt genießt, dabei aber kein schlechtes Gewissen hat, auch wenn gelegentlich Fast Food, Alkohol oder Fertignahrung dabei sind, als ständig aus einem ängstlichen Bewußtsein heraus zu leben und zu essen.

Bei einer normalen und ausgewogenen Ernährung benötigt man übrigens keinerlei Nahrungsergänzungsmittel, künstliche Vitamine oder was man euch sonst so als unbedingt notwendig oder „vorbeugend" anpreist. Und zu einer ausgewogenen Ernährung gehören auf jeden Fall auch Zucker, Fett und Salz (allerdings richtiges Ursalz und kein Natriumchlorid, und vor allem ohne Fluor oder Jod) – genau die drei Nahrungsbestandteile, die von der Propaganda des Systems als schädlich und ungesund angeprangert werden, obwohl der Körper genau diese drei Dinge unbedingt benötigt. Und ganz im Gegenteil zu den gängigen Werbelügen sind fettarme, salzarme, zuckerfreie und mit künstlichen Süßstoffen versehene Produkte sehr ungesund für den Körper und sollten unbedingt gemieden werden.

Beschäftigt euch unbedingt mit der Neuen Medizin, damit euch Ärzte nicht irgend einen Quatsch als Wahrheit verkaufen oder euch Angst machen können. Nehmt möglichst keine Medikamente und andere Pharmaprodukte ein. Jeder Körper hat Selbstheilungskräfte und natürliche Regulationsmechanismen, die mit Symptomtherapie nur unterbrochen werden.

Wenn ihr euch mit den Hintergründen der Neuen Medizin und unserem „Gesundheitssystem“ beschäftigt, werdet ihr feststellen, daß das System nicht darauf aus ist, euch zu helfen oder euch zu heilen, sondern Kunden zu gewinnen. Dieses System lebt davon, daß ihr krank werdet und auch bleibt. Also glaubt nicht deren Lügen, egal wie sehr man sie euch als angeblich alternativloses Allgemeinwissen verkauft. Laßt euch und eure Kinder NICHT impfen. Geht NICHT zu Vorsorgeuntersuchungen und meidet Ärzte und Krankenhäuser, wo ihr nur könnt.

Im Hinblick auf größtmögliche Freiheit und gesunde Lebensweise wird es meiner Meinung nach in Zukunft immer wichtiger sein, sich aus den größeren Städten und großen Ballungsgebieten in ländliche Gebiete zurückzuziehen. Dort ist es nicht nur einfacher und gesünder, Nahrungsmittel selbst anzubauen oder an unveränderte Produkte zu gelangen, sondern auch sicherer im Hinblick auf mögliche Unruhen, Ausnahmesituationen, inszenierte Epidemien mit darauf folgendem Impfzwang oder Quarantänevorschriften sowie schrittweise zunehmender Überwachung und Kontrolle, steigender Kriminalität, wirtschaftlichen Krisen, Inflation.

Alles, was ich hier geschrieben und angeregt habe, kann und soll lediglich eine Grundlage für mehr Bewußtsein und mehr Freiheit sein. – You get the point. – Jetzt liegt es an euch.

„Freiheit ist immer die Freiheit des Andersdenkenden.“

Solange das in der Gesellschaft nicht umgesetzt wird,

bin ich DISSIDENT.

Wer ehrt die, die wir lieben
durch das Leben das wir führen?

Wer schickt Monster uns zu töten
und besingt gleichzeitig unsere Unsterblichkeit?

Wer lehrt uns was real ist
und wie man über Lügen lacht?

Wer entscheidet, warum wir leben
und wofür wir sterben?

Wer legt uns in Ketten
und wer besitzt den Schlüssel,
der uns befreien kann?

Du allein.

Du hast alle Waffen, die du brauchst.

Jetzt kämpfe.

Sucker Punch

ANHANG: 9/11 RELOADED

Menschen verleihen Symbolen Macht.
Für sich betrachtet ist ein Symbol bedeutungslos,
aber wenn genügend Menschen dahinterstehen,
kann die Sprengung eines Gebäudes die Welt verändern.

V wie Vendetta

Der 11. September 2001 ist nicht nur das Schlüsselereignis für eine Reihe von mächtigen Dominosteinen, die an diesem Tag angestoßen wurden und bis heute umfallen, sondern auch ein Paradebeispiel dafür, wie Millionen von Menschen das Offensichtliche, die Fakten und selbst die Gesetze der Physik ignorieren, wenn es um die Verteidigung der offiziellen Version geht.

Die offizielle Version beginnt damit, daß zwei Flugzeuge vom Typ Boeing 767 in die beiden Türme des World Trade Center geflogen sein sollen. Was bei der Überprüfung dieser Angabe zunächst auffällt, ist die Tatsache, daß die auf dem Video- und Fotomaterial sehr gut zu sehenden „Einschlaglöcher" in den Türmen *kleiner* sind als eine Boeing 767. Die nach dem „Einschlag" jeweils verbliebene Öffnung betrug an ihrer breitesten Stelle lediglich 2-3 Meter, der Rumpfdurchmesser einer Boeing 767 jedoch beträgt ca. 5x5 Meter. Legt man die Silhouette einer Boeing 767 über eines der „Einschlaglöcher", so wird für jeden Menschen, der nicht blind ist, deutlich, daß ein solches Flugzeug dort rein technisch nicht hineingeflogen sein kann.

Der weitaus wichtigere Aspekt jedoch ist rein physikalischer Natur: Die Außenhülle eines Passagierflugzeugs besteht aus Aluminium, und Aluminium ist weder in der Lage, Stahl zu schneiden, noch es zu durchdringen. Das ist physikalisch unmöglich. Die Videoaufnahmen jedoch zeigen deutlich, daß die beiden „Flugzeuge" zunächst wie durch Butter und *ohne jeglichen Widerstand* durch die massiven Stahlträger hindurchfliegen und *komplett* ins Gebäude eindringen, bevor eine Explosion erfolgt.

Bei einem echten Passagierflugzeug, das in eine Stahlträger-Gebäudekonstruktion fliegen würde, würde die Nase bei Kontakt mit dem ersten Stahlträger gestaucht wie eine leere Bierdose, auf die man drauftritt. Sobald die Tragflächen und die darunter angebrachten Triebwerke Kontakt mit dem Gebäude hätten, würden sie abbrechen, sich durch den Aufprall verformen und außen am Gebäude herunterfallen, weil Passagierflugzeuge nichts weiter sind als riesige hohle Blechbüchsen aus Aluminium, einem sehr leichten und dünnen Material, welches deshalb benutzt wird, damit das Flugzeug nicht zu schwer ist und überhaupt vom Boden abheben kann.

Das Argument, daß das Flugzeug aufgrund seiner kinetischen Energie in der Lage gewesen wäre, ins Gebäude hineinzufliegen, scheitert an mehreren Dingen. Aluminium ist, egal wie schnell man es auf Stahl aufprallen läßt, einfach nicht in der Lage, es zu durchdringen. Deshalb werden weder Schwerter, noch Kugeln für Schußwaffen aus Aluminium hergestellt. Die Idee allein ist lächerlich. Und selbst panzerbrechende Waffen, die aus dem sehr harten, dichten und widerstandsfähigen Metall Wolfram bestehen, werden mit einer Geschwindigkeit von 1.400-1.800 Metern pro Sekunde abgefeuert, was der fünffachen Schallgeschwindigkeit entspricht. Ein Flugzeug mit einer Geschwindigkeit von 400 Stundenkilometern (denn schneller kann es aufgrund der zu hohen Luftdichte in einer Höhe von 400 Metern nicht fliegen) legt lediglich 111 Meter pro Sekunde zurück, was nicht einmal ein Zehntel der Geschwindigkeit von panzerbrechender Munition ist.

Spätestens unter Berücksichtigung physikalischer Naturgesetze müßte jedem Menschen klar werden, daß ein Flugzeug nicht in ein Stahlträgergebäude hineinfliegen kann. Das dritte Newton'sche Gesetz der Physik besagt folgendes: *Kräfte treten immer paarweise auf. Übt ein Körper A auf einen anderen Körper B eine Kraft aus (actio), so wirkt eine gleich große, aber entgegengerichtete Kraft von Körper B auf Körper A (reactio).*

Das heißt im Klartext, daß es egal ist, ob ein Flugzeug in ein Gebäude fliegt, oder ob das Gebäude mit der gleichen Kraft auf das unbewegte Flugzeug trifft. Was wäre wohl passiert, wenn einer der Türme des World Trade Centers auf ein stehendes Flugzeug gefallen wäre? – Genau. Es ist egal, ob man eine Bierdose gegen eine Wand wirft, oder einen Stein auf die Bierdose. Die Dose wird in jedem Fall platt sein und die Wand in jedem Fall intakt. Punkt.

Doch nehmen wir einmal kurz an, die auf den Videoaufnahmen zu sehenden Explosionen nach dem jeweiligen „Einschlag" wären tatsächlich nur durch das in den Tragflächen enthaltene Kerosin entstanden, dann wäre ein Großteil davon bereits bei eben diesen Explosionen verbrannt worden. Der geringe Rest, der in den Gebäuden weitere Brände ausgelöst haben soll, hätte niemals gereicht und dazu geführt, daß die Stahlträgerkonstruktionen erweicht oder gar geschmolzen wären, was schon deshalb nicht möglich ist, weil Kerosin nur mit einer Temperatur von 1.100 Grad Celsius verbrennt, und das auch nur bei idealen Bedingungen. Der in den World Trade Center Gebäuden verwendete A36-Stahl schmilzt jedoch erst bei Minimum 1.500 Grad Celsius. Der Brand im Inneren der Gebäude hätte also niemals dazu führen können, die Stahlkonstruktionen zu erweichen, geschweige denn zu schmelzen. Wenn dem so wäre, dann könnten Flugzeugmotoren, die mit Kerosin betrieben werden, auch nicht aus Stahl bestehen.

In diesem Zusammenhang gibt es eine weitere interessante Sache: Dort, wo angeblich ein Flugzeug in den Nord-Turm geflogen sein soll, unmittelbar im Bereich des „Einschlaglochs", wo Temperaturen geherrscht haben sollen, die den Stahl zum Schmelzen und das Gebäude zum Einsturz gebracht haben sollen, stand bis zum Einsturz des Turmes eine Frau und hat über längere Zeit und für die verschiedenen Videokameras gut sichtbar gewunken. Ihr Name war, wie später festgestellt werden konnte, Mrs. Edna Cintron, eine Angestellte der Firma Marsh & McLennan.

Was läßt sich aus den vorgenannten Dingen schließen? Auf jeden Fall, daß keine Flugzeuge vom Typ Boeing 767 in die Türme geflogen sind. Die Fakten und beobachtbaren Vorgänge lassen nur zwei Schlußfolgerungen zu: Entweder wurden hochentwickelte Drohnen oder andere ferngesteuerte Flugkörper in die Türme gelenkt, oder es wurden Explosionen aus dem Inneren der Türme ausgelöst, die anschließend das Bild eines Flugzeugeinschlags suggerieren sollte. Auch eine Kombination beider Möglichkeiten ist denkbar. Die auf den Videoaufnahmen sichtbaren „Flugzeuge" wurden in jedem Fall nachträglich hineinkopiert.

Es stellt sich die Frage, warum die Flugzeuge für die offizielle Version so wichtig sind? Die Antwort ist denkbar einfach: Die Menschen brauchen emotional wirksame Effekte, um zu glauben.

Die auffallende Einbildungskraft der Massen ist, wie bei allen Wesen, für die logisches Denken nicht in Frage kommt, leicht aufs tiefste zu erregen. [...] Die Massen können nur in Bildern denken und lassen sich nur durch Bilder beeinflussen. [...] Alle Versammelten empfinden gleichzeitig dieselben Gefühle, und wenn sie sich nicht sofort in Taten umsetzen, so geschieht das nur, weil auch der unbewußte Zuschauer nicht im Zweifel sein kann, daß er das Opfer einer Täuschung ist ... [...] Alles, was die Phantasie der Massen erregt, erscheint in der Form eines packenden, klaren Bildes, das frei ist von jedem Deutungszubehör und nur durch einige wunderbare Tatsachen gestützt: einen großen Sieg, ein großes Wunder, ein großes Verbrechen, eine große Hoffnung. Sie pflegt die Dinge in Bausch und Bogen aufzunehmen und ohne jemals ihre Entwicklung zu beachten. [...] Ein Unglücksfall, der ... in einem sichtbaren Geschehnis einträte, z.B. der Einsturz des Eiffelturmes, würde einen ungeheuren Eindruck auf die Einbildungskraft gemacht haben. [...] Die Kunst, die Einbildungskraft der Massen zu erregen, ist die Kunst, sie zu regieren.[17]

Gustave Le Bon

---

[17] Le Bon, Gustave, *Psychologie der Massen*, Kröner, Stuttgart 1911, S.45f.

Bei den Türmen des World Trade Centers handelte es sich um sogenannte Stahlträgerkonstruktionen. Ein solches Gebäude kann man nicht mit einer herkömmlichen Sprengung einreißen (auch nicht mit Thermit) weil das Gebäude keine „tragenden Elemente" besitzt, sondern das ganze Gebäude *an sich* ein einziges tragendes Element ist.

Man muß sich die immense Menge an Baumaterial einmal genau vor Augen halten: Jeder der beiden Türme bestand aus 200.000 Tonnen Stahl und 325.000 m^3 Beton. Ungefähr 80% davon wurden innerhalb von wenigen Sekunden zu Staub pulverisiert (!), nämlich während der knapp 10 Sekunden des freien Falls der oberhalb der „Einschläge" bzw. Explosionen befindlichen Gebäudeteile. Und das soll durch einen Brand verursacht worden sein? Noch dazu stürzte der Süd-Turm, der als zweites „getroffen" wurde, nach nur 57 Minuten ein, während der Nord-Turm erst nach 1 Stunde 23 Minuten einstürzte.

Des Rätsels Lösung ist so einfach wie unglaublich. Dazu muß man zunächst wissen, daß die zuständige amerikanische Baubehörde, das New York City Department of Buildings, die Genehmigung zum Bau von Stahlträgergebäuden nur erteilte, wenn eine Vorrichtung zum möglichen Abriß dieser Gebäude bereits vor dem Baubeginn berücksichtigt wurde, denn auch dieser Behörde war klar, daß man ein Stahlträgergebäude, wie schon gesagt, nicht auf herkömmliche Methode mit einer Sprengung einreißen kann.

Wenige Sekunden vor dem Einsturz der Türme erfolgte eine von mehreren Meßstationen aufgezeichnete seismische Aktivität von 5.7 auf der Richter-Skala. Die Ursache dafür war die Zündung von unterirdischen thermo-nuklearen Bomben, dem eingebauten Notfallsystem zum Abriß der Stahlträgergebäude. Die Amerikaner haben jahrzehntelange Erfahrungen mit der entsprechenden Technologie und haben bereits weit über 1.000 unterirdische Atomtests durchgeführt, so daß die Position und Sprengkraft der Bomben so berechnet werden konnte, daß der Abriß technisch einwandfrei ablief.

Die atomaren Sprengladungen von 150 Kilotonnen (was der zulässigen Obergrenze für thermo-nukleare Bomben laut dem 1976 zwischen den USA und der Sowjetunion abgeschlossenen „Peaceful Nuclear Explosions Treaty“, dem Vertrag über unterirdische Kernexplosionen zu friedlichen Zwecken entspricht) wurden bereits beim Bau der Gebäude ca. 50 Meter unterhalb des jeweiligen Fundaments positioniert, welches ungefähr 27 Meter Tiefe erreichte. Die Stärke und Positionierung der Sprengladungen wurde so berechnet, daß die unterirdischen Explosionen keinen exakt kugelförmigen Hohlraum erzeugten, wie es bei unterirdischen Kernexplosionen normalerweise der Fall ist, sondern aufgrund des nach oben, zum Gebäude hin schwächeren Widerstands (im Gegensatz zum Granitgestein in allen anderen Richtungen) stärkere Auswirkungen in diese Richtung zeigten. Der durch die jeweilige Detonation und die anschließende Verdampfung des Gesteins entstehende Hohlraum wurde dadurch quasi ellipsenförmig nach oben ausgedehnt, was zur Folge hatte, daß die Türme bis zu einer bestimmten Höhe aufgrund der entstehenden Temperaturen von mehreren Millionen Grad Celsius im Zentrum der Detonation buchstäblich zu mikroskopisch feinem Staub pulverisiert wurden. Die verbliebenden oberen Gebäudeteile stürzten nun, da es unterhalb keinen Widerstand mehr gab, im freien und ungebremsten Fall exakt gerade nach unten und erzeugten beim Kontakt mit dem zu Staub pulverisierten Rest der Gebäude sogenannte pyroklastische Staubwolken, die ausschließlich bei Vulkanausbrüchen und thermo-nuklearen Explosionen vorkommen.

Wenn ein Gebäude einstürzt, sei es aufgrund einer Sprengung oder durch andere Ursachen, dann ist das Ergebnis immer eine Ansammlung von Trümmern, deren Aufhäufung ein gewisses Volumen aufweist, welches abhängig von der Dichte der verwendeten Materialien ist. Im Falle der eingestürzten Türme des World Trade Centers gab es jedoch keine Trümmerhaufen, sondern es entstanden statt dessen *Krater*. Die als Fundament gegossene 6-stöckige Betonwanne (die sog. Sockelzone), die aus 1.000.000 (1 Million!) m^3 Beton bestand, war nach dem Einsturz nicht mehr vorhanden! Statt dessen gab es Krater mit typischen Anzeichen für geschmolzenes Gestein.

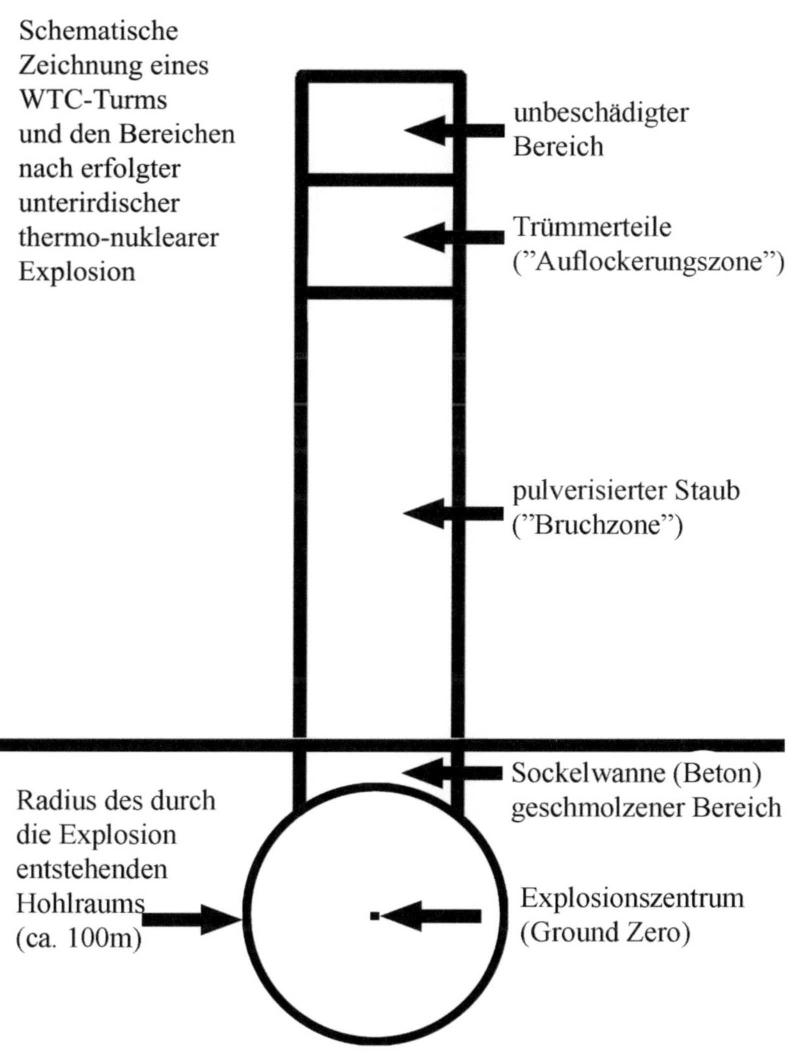

Zeichnung von Lars Peter Kronlob
nach Informationen von Dimitri Khalezov

Noch eine Anmerkung: Vor dem 11. September 2001 lautete die Wörterbuchdefinition des *terminus technicus* „Ground Zero“: *Der vertikal unterhalb oder oberhalb des Zentrums einer atomaren oder thermo-nuklearen Detonation gelegene Punkt.*

Die bei einer unterirdischen thermo-nuklearen Explosion freigesetzte Strahlung, die zu 99% aus Röntgenstrahlung und zu 1% aus Gammastrahlung besteht, wird übrigens vom umgebenden Gestein absorbiert, so daß es nicht zu einer Verseuchung kommt, wie bei einer oberirdischen Atomexplosion.

Der gleiche Vorgang wie bei den beiden Haupttürmen des World Trade Centers wiederholte sich am Nachmittag beim sogenannten Gebäude 7, auch Salomon Brothers Building genannt, einer weiteren Stahlträgerkonstruktion. Da es sich aufgrund einer Höhe von 174 komplett innerhalb der sogenannten Bruchzone befand, fiel das Gebäude ohne Widerstand und im freien Fall in sich zusammen, wie man klar und deutlich auf dem entsprechenden Videomaterial sehen kann. Niemals würden ein paar kleine Bürobrände ein Stahlträgergebäude innerhalb von Sekunden auf die stattgefundene Weise zum Einsturz bringen können.

Ein höchst interessanter Fauxpas zeigt ganz deutlich die geplante und gezielte Sprengung von Gebäude 7: Die Nachrichtensprecherin Jane Standley berichtet um 21:54 GMT live (!) beim englischen Nachrichtensender BBC über den Einsturz von Gebäude 7, welches aber direkt hinter ihr im Livebild noch zu sehen ist, weil es auch erst um 22.20 GMT (17:20 New York Ortszeit) einstürzte!

Der englische Schriftsteller Sir Arthur Conan Doyle läßt seinen fiktiven Charakter Sherlock Holmes folgenden berühmten Satz sagen:

Wenn man das Unmögliche ausgeschlossen hat, muß das, was übrig bleibt, die Wahrheit sein, so unwahrscheinlich sie auch sein mag.

auch bei EDITION ESOTERICK PUBLISHING erschienen:

• Die Philosophie des Satanismus
• Die esoterische Deutung des TAROT
• Die NEUE MEDIZIN
• The NEW MEDICINE
• Keine Angst vor HIV. Gib den Fakten eine Chance
von Lars Peter Kronlob

• The Devil's Avenger.
Eine Biographie von Anton Szandor LaVey
von Burton H. Wolfe

• Hommage an Anton LaVey
Eine Festschrift zum 80. Geburtstag
des Gründers der Church of Satan
von Peter H. Gilmore, Onkel Urian, Jack Fritscher u.a.

• 50 Jahre Church of Satan
Exzellente Essays und Interviews
von Josie Gallows, Michael Boss, Les Hernandez u.a.

• Apollon und Dionysos. Zwei Urkräfte der Magie
von Frank Lerch

• Tiergott Mensch. Die Sozialdarwinistische Ethik
• Götterschmiede. Kleines Handbuch zum Übermenschen
von Onkel Urian

• Macht, Erfolg und andere Werte
• Die 68er-Verschwörung. Die Herrschaft der Unfähigen
von Holger Pinter

• Das Satanische Leben. Einblicke in unsere Welt
von Scarlett Norton, George Sprague, Les Hernandez u.a.

auch bei EDITION ESOTERICK PUBLISHING erschienen:

• Position ist Alles
von Ricardo Schimassek

• Mögliches, Allzumögliches
• Die leeren Ewigkeiten
von Ben Void

• Might is Right. Die Philosophie der Macht
• Aphorismen von Ragnar Redbeard
von Ragnar Redbeard

• Chaosmagie. Grundlagen und Hintergründe
von Jaq D. Hawkins

• Grundlagen der esoterischen Astrologie
• Wer ist (wie) Jahwe?
von Martina Döhring

• Schwarz und Magisch
Magazin-Reihe für Magie und Okkultes Wissen
Ausgaben 1-5 und **Die ESSAYS**

• Der Weg des Voodoo. Von den Grundlagen zur Praxis
von Papa Nemo

• Die Haut der Echsenfrau. Ein FUTUREPIG-Comic
von Pavel Lujardo

• Tanz der Verwundeten Seelen
von Robert Burney

• Ich will meine Wahrheit mit Freude leben
von Rakuna